## J.-L. DE LANESSAN

Député

Ancien Ministre de la Marine

# LA

# Répartition des Flottes Européennes

## et les

# Obligations de la Marine Française

**Prix : 2 Francs**

PARIS

Publications de l'INFORMATEUR PARLEMENTAIRE

12, Rue Grange-Batelière, 12

1912

Publications de l'INFORMATEUR PARLEMENTAIRE

# J.-L. DE LANESSAN

DÉPUTÉ

ANCIEN MINISTRE DE LA MARINE

## LA

# Répartition des Flottes Européennes

### et les

# Obligations de la Marine Française

Prix : 2 Francs

PARIS

Publications de l'INFORMATEUR PARLEMENTAIRE

12, Rue Grange-Batelière, 12

1912

Publications de l'INFORMATEUR PARLEMENTAIRE

## J.-L. DE LANESSAN

DÉPUTÉ

ANCIEN MINISTRE DE LA MARINE

# LA

# Répartition des Flottes Européennes

## et les

# Obligations de la Marine Française

Prix : 2 Francs

PARIS

Publications de l'INFORMATEUR PARLEMENTAIRE

12, Rue Grange-Batelière, 12

1912

# La Répartition des Flottes Européennes

## et les

# Obligations de la Marine Française



## CHAPITRE PREMIER

### Les programmes navals de la France.

*Le programme de 1910 et l'amiral Boué de Lapeyrère.
— Le Conseil supérieur de la marine et le programme
de 1899. — Les marines de la Triplice depuis 1899. —
Le programme de 1906. — Le programme de 1909. —
Le programme de 1910 et son exécution.*

En 1910, lorsque le vice-amiral Boué de Lapeyrère,
ministre de la marine, déposa le projet de loi navale
voté en 1912 par le Parlement, il disait, dans son exposé
des motifs : « Si l'on envisage les dépenses militaires
de la France, de l'Allemagne, de l'Angleterre, des
États-Unis et de l'Italie, on constate que la France est
celle des cinq nations qui a le moins augmenté ses
dépenses navales pendant les dix dernières années.
Le moment est venu de regarder la situation en face.
Les atermoiements ne sont plus possibles, et la question se pose de la manière suivante : La France veut-
elle, oui ou non, avoir une marine ? Dans l'affirmative, le programme qui vous est soumis est un minimum. Le réduire serait consacrer notre déchéance
navale. »

Tout le monde sait que si ce programme avait été
réduit à un « minimum » au-dessous duquel il était

patriotiquement impossible de descendre, c'est que le gouvernement d'alors avait voulu limiter le plus possible les dépenses de notre marine.

Toutes les fois, depuis le conflit de Fachoda, que les ministres de la marine avaient consulté le Conseil supérieur, celui-ci s'était prononcé en faveur d'un programme plus étendu que celui de 1910.

En 1899, il avait indiqué comme indispensables à notre flotte de guerre, en fait de navires à artillerie :

28 cuirassés d'escadre (soit 4 escadres de 6 cuirassés et 4 cuirassés de remplacement) en précisant que tous ces navires devraient être au moins aussi puissants que les plus puissants d'entre leurs similaires étrangers, existant à l'époque où l'on entreprendrait la construction.

24 croiseurs-cuirassés (soit 8 divisions de 3 navires chacune), ces bâtiments devant être au moins aussi puissants et rapides que les plus puissants et les plus rapides croiseurs-cuirassés étrangers.

En vue de l'exécution de ce programme, il fut mis en chantier 6 cuirassés de ligne (*Patrie, République, Démocratie, Justice, Vérité* et *Liberté*) dont 5 seulement existent aujourd'hui par suite de l'explosion de la *Liberté*, et 5 croiseurs-cuirassés (*Jules-Ferry, Léon-Gambetta, Victor-Hugo, Jules-Michelet, Ernest-Renan*).

Avec les 10 cuirassés de ligne et les 5 croiseurs-cuirassés indiqués ci-dessus, notre flotte devait posséder les 28 cuirassés et 24 croiseurs-cuirassés réclamés par le Conseil supérieur.

Il avait été entendu que tous nos cuirassés et nos croiseurs-cuirassés antérieurs au programme de 1899 seraient remplacés, tour à tour, dès que l'état des chantiers le permettrait, parce qu'ils ne répondaient plus aux nécessités des flottes modernes.

Pour réaliser le vœu du Conseil supérieur de la marine, il aurait fallu faire suivre le lancement de chacun des cuirassés et croiseurs-cuirassés nommés plus haut, de la mise en chantier d'unités nouvelles, d'une puissance toujours croissante, puisque les navires similaires étrangers réalisaient des progrès incessants.

Malheureusement, il ne fut tenu aucun compte du vœu du Conseil supérieur de la marine, et aucune mise en chantier de cuirassé ou de croiseur-cuirassé n'eut lieu, en dehors de celles indiquées plus haut, entre 1902 et 1906.

En 1906, consulté par le ministre de la marine, le Conseil supérieur décida que notre flotte devrait comprendre, en fait de grands navires de combat à artillerie :

38 cuirassés de ligne et 36 croiseurs-cuirassés dont 18 de première classe.

Il demandait donc 10 cuirassés de ligne et 12 croiseurs-cuirassés de plus que le Conseil supérieur de 1899. La raison de sa conduite se trouvait dans le développement de la flotte allemande.

De 1899 à 1906 l'Allemagne avait activé ses constructions navales et accru le tonnage de ses cuirassés afin de leur donner un fort armement. Elle suivait l'Angleterre dans la voie que celle-ci avait ouverte avec le *Dreadnought* (1). Notre Conseil supérieur faisait donc preuve de sagesse lorsqu'il demandait, en 1906, 10 cuirassés et 12 croiseurs-cuirassés en plus de ceux qui avaient été réclamés par le Conseil de 1899.

Une imparfaite satisfaction fut donnée à ses desiderata par la mise en chantier des 6 *Dantons*, dont le déplacement atteint 18.500 tonnes, mais dont l'armement

---

(1) En 1901, l'Allemagne avait lancé 5 cuirassés de 11.830 tonnes (*Wittelbach, Wettin, Zähringen, Schwaben, Mecklemburg*).

En 1903, elle avait lancé le *Braunschweig*, l'*Elsass*, le *Lothringen*, le *Hessen* et le *Prussen*, de 13.200 tonnes.

A partir de 1905, elle avait commencé de lancer la série des cinq *Deutschland*, dont le déplacement atteignait 13.250 tonnes, et elle entreprenait la construction de la série des cinq *Nassau*, dont le déplacement est de 18.500 tonnes, et dont l'armement, composé de 12 pièces de 280 m/m, 12 pièces de 150 m/m, 16 pièces de 88 m/m, permet de considérer ces navires comme des dreadnoughts.

On voit qu'en 1906 l'Allemagne entrait déjà dans la voie ouverte par l'Angleterre avec le *Dreadnought*, qui fut lancé en 1906.

En 1906, la France était, par conséquent, en retard sur l'Allemagne au point de vue de la puissance des cuirassés.

n'est pas celui des dreadnoughts, car ils ne possèdent que 4 pièces de 305 m/m avec 10 pièces de 240 m/m et pas du tout d'artillerie moyenne à tir rapide.

Deux croiseurs-cuirassés seulement furent mis en chantier en vertu des décisions du Conseil supérieur de 1906 : l'*Edgard-Quinet* et le *Waldeck-Rousseau*.

Pendant que la France commençait la construction de ces 8 navires et procédait à l'achèvement du programme de 1900 dont l'exécution avait été ralentie par l'hostilité que certain ministre professait à l'égard des cuirassés, l'Allemagne entrait dans la voie qui devait la conduire à devenir la rivale maritime de l'Angleterre.

En vertu des lois du 10 avril 1898 et du 14 juin 1900, complétées par un amendement de 1906, elle construisait les cuirassés du type *Nassau*, qui sont des dreadnoughts analogues à nos *Danton* mais mieux armés, car ils portent 12 pièces de 280 m/m, 12 pièces de 152 m/m et 16 pièces de 88 m/m. Tous ces navires furent lancés en 1908 et 1909.

Elle commençait ensuite la construction des 5 dreadnoughts du type *Ost-Friedland*, dont le déplacement atteint 21.500 tonnes et dont l'armement est formé de 12 pièces de 305 m/m, 14 pièces de 152 m/m et 16 pièces de 88 m/m.

En 1908, le Reichstag votait le complément de la loi de 1900 et arrêtait le programme naval d'après lequel la flotte germanique devait posséder, en 1920, 38 cuirassés de ligne et 20 croiseurs cuirassés.

Vers la même époque, l'Italie commençait la construction de son premier cuirassé du type dreadnought, le *Dante-Allighieri*, dont le déplacement atteint 20.000 tonnes et dont l'armement est constitué par 12 pièces de 305 m/m, 20 pièces de 120 m/m et 15 pièces de 76 m/m.

L'Autriche construisait, dans le même temps, 3 cuirassés de 14.500 tonnes, analogues à nos *Patrie* et se préparait à entamer la construction de véritables dreadnoughts.

En 1909, les trois marines de la Triplice germanique étaient donc en voie de rapide développement. Celles de l'Allemagne et de l'Italie étaient en avance sur nous au point de vue des dreadnoughts.

Consulté à cette époque par le ministre de la marine, notre Conseil supérieur réclama pour notre flotte de guerre, en fait de grands navires de combat à artillerie : 45 cuirassés d'escadre qui devaient être assistés de 12 éclaireurs rapides.

Le Conseil ne parlait pas des croiseurs cuirassés dont aucun n'avait été mis en chantier postérieurement à l'*Edgard-Quinet* et au *Waldeck-Rousseau*. Constatant que l'Allemagne, l'Italie et l'Autriche faisaient porter tous leurs efforts sur les cuirassés de ligne, il réclamait un nombre de ces navires suffisant pour qu'il nous fût possible de créer deux puissantes armées navales : l'une dans la Méditerranée, en face des flottes de l'Italie et de l'Autriche, l'autre dans le Nord, en face de la flotte allemande.

Avec les 45 cuirassés de ligne réclamés en 1909 par le Conseil supérieur, nous serions très forts, même dans le cas où nous aurions à supporter seuls une guerre navale contre la Triplice germanique.

Un an plus tard, en 1910, sous l'influence des considérations d'ordre financier rappelées plus haut — considérations auxquelles les conseils techniques de la défense nationale devraient toujours rester étrangers — le Conseil supérieur de la marine réduisait ses demandes, pour les mers d'Europe, à 28 cuirassés de ligne, sans croiseurs cuirassés, et à 10 éclaireurs rapides, la construction de ces derniers ne devant être commencée qu'à partir de 1917.

Ce programme était, on le voit, très inférieur à celui de 1899 malgré l'énorme développement pris, de 1899 à 1910, par les flottes de l'Allemagne, de l'Italie et de l'Autriche. C'est lui cependant qui fut consacré par la loi de 1912.

# CHAPITRE II

## La flotte de la France en 1917, d'après le programme de 1910.

*L'exécution du programme de 1910. — Les cuirassés dont disposera la France en 1917.*

L'exécution du programme dont nous venons de parler commença, en 1910, par la mise en chantier des 2 cuirassés du type dreadnought *Jean-Bart* et *Courbet*, de 23,500 tonnes, avec un armement formé de 12 pièces de 305 m/m, 22 pièces de 140 m/m, 4 pièces de 47 m/m et une vitesse de 20 nœuds.

En 1911, 2 autres navires semblables aux précédents, la *France* et le *Paris*, ont été mis sur les chantiers.

Le remplaçant de la *Liberté* et 2 autres cuirassés sont mis en chantier en 1912, sous les noms de *Bretagne*, *Provence* et *Lorraine*. Ils ont le même tonnage que les 4 précédents, mais ils portent 10 pièces de 340 m/m, au lieu de 12 pièces de 305 m/m.

Enfin, en 1913, on doit mettre en chantier, d'après les prévisions de l'état 11 : 2 autres cuirassés, A7 et A8, dont les caractéristiques ne sont pas encore connues, mais dont le déplacement paraît devoir atteindre ou dépasser 25.000 tonnes.

L'entrée en service des 9 dreadnoughts dont nous venons de parler est prévue de la manière suivante :

Le *Jean-Bart* et le *Courbet* vers la fin de 1913 ; la *France* et le *Paris* vers la fin de 1914 ; la *Bretagne*, la *Provence* et la *Lorraine* vers la fin de 1915 ; les A7 et A8 vers la fin de 1916.

En admettant que tous ces navires puissent être en

état de servir à la fin de 1916, nous posséderions au 1er janvier 1917 :

Les 5 cuirassés du type *Patrie* ;
Les 6 cuirassés du type *Danton* ;
Les 4 cuirassés du type *Jean-Bart* ;
Les 3 cuirassés du type *Bretagne* ;
Les 2 cuirassés A7 et A8.

Au total, 20 cuirassés d'une valeur militaire incontestable, mais très variable suivant les types envisagés, et parmi lesquels ne se trouveront que 9 dreadnoughts véritables.

# CHAPITRE III

## Les flottes de la Triplice en 1917.

*La flotte de l'Allemagne en 1917. — Sa supériorité. — Les flottes de l'Italie et de l'Autriche en 1917. — Leur supériorité.*

Au 1er janvier 1917, les flottes de la Triplice germanique auront pris une extension considérable.

En vertu des lois navales de 1906 et 1908, complétées par la loi de 1912, l'Allemagne possédera alors en service :

1° 32 cuirassés de ligne âgés de moins de vingt ans et répondant aux divers types suivants :

Les 5 *Wittelsbach*, de 11.830 tonnes avec IV 240, XVIII 150, XII 88.

Les 5 *Braunschweig*, de 13.200 tonnes avec IV 280, XIV 170, XVIII 88.

Les 5 *Deutschland*, de 13.250 tonnes avec IV 280, XIV 170, XX 88.

Les 4 *Nassau*, de 18.900 tonnes avec XII 280, XII 150, XVI 88.

Les 4 *Heligoland*, de 22.800 tonnes avec XII 305, XIV 152, XIV 88.

Les 4 *Kaiser*, de 24.500 tonnes avec X 305, XIV 150, XII 88.

Les 5 *Printz-Regent-Luitpold*, de 27.000 tonnes avec X 355, VIII 210, X 150.

Au total, 32 cuirassés de ligne, âgés de moins de vingt ans, parmi lesquels 5 (les *Deutschland*), analogues à nos *Patrie*, mais avec un armement un peu plus faible ; 4 (les *Nassau*), de valeur militaire analogue à celle de nos *Danton* ; 8 (les *Heligoland* et les *Kaiser*), supérieurs à nos *Danton*, et 5 (ceux de 27.000 t.), supérieurs à nos *Jean-Bart* et même à nos *Bretagne*, soit 13 plus forts que nos *Danton*, *Jean-Bart* et *Bretagne*.

2° 14 croiseurs-cuirassés, âgés de moins de vingt ans, se décomposant de la manière suivante :

5 d'environ 10,000 tonnes et 20 nœuds de vitesse.

2 de 11,600 tonnes et 24 nœuds de vitesse.

1 de 15,800 tonnes et 25 nœuds de vitesse, du type dreadnought.

1 de 19,000 tonnes et 28 nœuds de vitesse, du type dreadnought.

3 de 23,000 tonnes et 28 nœuds de vitesse, du type dreadnought.

2 de 26,000 tonnes et 28 nœuds de vitesse, du type dreadnought.

Soit, au total, 14 croiseurs-cuirassés âgés de moins de vingt ans, dont 7 appartenant au type dreadnought.

En résumé, le 1er janvier 1917, à nos 20 cuirassés et à nos 7 croiseurs-cuirassés âgés de moins de vingt ans, la flotte allemande opposera 32 cuirassés de ligne et 14 croiseurs cuirassés du même âge.

Le nombre de ses cuirassés du type dreadnought sera de 17 ; celui de ses croiseurs cuirassés du même type sera de 7 : elle disposera donc, au total, de 24 navires du type dreadnought, tandis que nous en aurons seulement 9 sans compter les *Danton* qui ne sont pas de véritables dreadnoughts, et 15 en les comptant.

Il faut ajouter que tous nos cuirassés et croiseurs cuirassés seront réunis dans la Méditerranée et que nous n'en aurons, par conséquent, aucun dans le Nord en face de la flotte allemande.

Le 1er janvier 1917, l'Italie possédera 14 cuirassés de ligne âgés de moins de vingt ans, se décomposant de la manière suivante :

Les 2 *Benedetto-Brin* et *Regina-Margherita*, de 13.400 tonnes.

Les 4 *Roma*, de 12,600 tonnes, armés en dreadnought,

avec 12 pièces de 203 m/m, c'est-à-dire aussi forts sinon plus forts que nos *Patrie*.

Le *Dante-Allighieri*, de 20.000 tonnes, armé de 12 pièces de 305 m/m.

Les 3 *Conte-di-Cavour*, *Giulio-Cesare* et *Leonardo-da-Vinci*, de 23,500 tonnes, armés de 13 pièces de 305 m/m.

Les 2 *Andréa-Doria* et *Duilio*, de 26,000 tonnes, avec douze pièces de 305 m/m.

Les 2 X1 et X 2, d'un tonnage et d'une puissance supérieurs à ceux des précédents.

Au total, 14 cuirassés de ligne âgés de moins de vingt ans, dont 8 appartenant au type dreadnought.

L'Autriche possédera, en service, au même moment, 13 cuirassés de ligne âgés de moins de vingt ans et répartis de la manière suivante :

3 de 8,340 tonnes.
3 de 10,600 tonnes.
3 de 14,500 tonnes, répondant à peu près à nos *Patrie*.
Les 4 *Viribus-Unitis*, de 22,000 tonnes, du type dreadnought, avec 12 pièces de 305 m/m et 12 pièces de 150 m/m.

Au total, 13 cuirassés âgés de moins de vingt ans, dont 4 du type dreadnought et 3 analogues à nos *Patrie*.

L'Italie et l'Autriche réunies opposeront donc, au 1er janvier 1917, à nos 20 cuirassés, dont 9 seulement appartiendront véritablement au type dreadnought, 27 cuirassés, dont 12 dreadnoughts. Par le nombre des cuirassés et par celui des vrais dreadnoughts, les flottes des deux alliées méditerranéennes de l'Allemagne seront donc supérieures à la nôtre.

Ce n'est pas tout. Si l'on envisage, d'une part le nombre des canons de 305 m/m et au-dessus possédés, en 1917, soit par les flottes de l'Italie et de l'Autriche, soit par la flotte française, d'autre part le nombre des canons de chaque navire pouvant tirer en une même bordée, on constate que la supériorité appartiendra aux premières. Le tableau suivant (1) le démontre d'une façon péremptoire :

### FRANCE.

| | Nombre de Pièces | Canons tirant en une même bordée |
|---|---|---|
| Jean-Bart ........... | 12 canons de 305.... | 10 |
| Courbet ............. | 12 — .... | 10 |
| France .............. | 12 — .... | 10 |
| Paris ............... | 12 — .... | 10 |
| Bretagne ............ | 10 canons de 340.... | 10 |
| Provence ............ | 10 — .... | 10 |
| Lorraine ............ | 10 — .... | 10 |
| A7 .................. | ? — .... | ? |
| A8 .................. | ? — .... | ? |
| | 78 | 70 |

### ITALIE.

| | Nombre de Pièces | Canons tirant en une même bordée |
|---|---|---|
| Dante-Allighieri ..... | 12 canons de 305.... | 12 |
| Conte-di-Cavour ..... | 13 — .... | 13 |
| Giulio-Cesare ........ | 13 — .... | 13 |
| Leonardo-da-Vinci ... | 13 — .... | 13 |
| Andrea-Doria ........ | 13 — .... | 13 |
| Duilio .............. | 13 — .... | 13 |
| X1 .................. | ? — .... | ? |
| X2 .................. | ? — .... | ? |
| | 77 | 77 |

### AUTRICHE.

| | Nombre de Pièces | Canons tirant en une même bordée |
|---|---|---|
| Viribus-Unitis ....... | 12 canons de 305.... | 12 |
| Tegethoff ........... | 12 — .... | 12 |
| X1 .................. | 12 — .... | 12 |
| Z2 .................. | 12 — .... | 12 |
| | 48 | 48 |

---

(1) Nous n'avons fait figurer dans ce tableau ni les *Danton* français, qui ne sont pas de véritables dreadnoughts, ni les *Roma* italiens, dont l'artillerie de gros calibre n'est que de 203 m/m·

En laisant de côté les deux cuirassés français A7, A8, et les deux cuirassés italiens X1 et X2, dont nous ne connaissons pas les caractéristiques, la France aura dans la Méditerranée, au 1er janvier 1917, sur ses navires du type dreadnought véritable, c'est-à-dire à grosse artillerie d'un seul modèle, 78 pièces, dont 70 pouvant tirer ensemble soit par tribord soit par bâbord.

L'Italie et l'Autriche, ensemble, auront sur leurs navires du type dreadnought 125 canons, pouvant tous tirer ensemble du même bord. Au point de vue du nombre des gros canons et du nombre de ces pièces pouvant tirer d'un même bord, l'Autriche et l'Italie réunies seront donc très supérieures à la France, car leurs dreadnoughts pourraient tirer à chaque bordée 55 coups de plus que les nôtres.

Le calcul des poids des projectiles qui pourraient être lancés par chaque bordée des dreadnoughts italiens et autrichiens d'une part, des dreadnoughts français de l'autre, conduit à une conclusion analogue.

A tous les points de vue que nous venons d'envisager, les flottes italienne et autrichienne seront supérieures, en janvier 1917, à la flotte française. Celle-ci, en conséquence, ne serait pas assurée de la maîtrise de la Méditerranée occidentale si elle n'était assistée par une force navale anglaise.

Ce fait n'est point ignoré en Angleterre, où, en ce moment même, la question de la Méditerranée est fortement discutée par la presse et dans les milieux politiques.

# CHAPITRE IV

## Le problème naval de la Méditerranée.

*La situation maritime de l'Angleterre dans la Méditerranée au moment de Fachoda et en 1904. — La France dans la Méditerranée occidentale. — L'Italie dans la Méditerranée orientale. — Les obligations maritimes de l'Angleterre dans la Méditerranée. — Les obligations de la France dans cette mer.*

Depuis près d'un siècle, l'Angleterre était prépondérante, au point de vue maritime, dans toute la Méditerranée. Au moment de Fachoda, sa flotte y était si puissante, par rapport à la nôtre, que la plupart de nos amiraux exprimèrent l'avis de ne pas exposer nos cuirassés à une destruction considérée par eux comme certaine.

Depuis cette époque, la Grande-Bretagne a beaucoup développé ses arsenaux de Gibraltar et de Malte, en même temps qu'elle concluait des ententes diplomatiques avec les deux principales puissances méditerranéennes.

Tout le monde sait que si elle a favorisé les ambitions de la France et de l'Espagne sur le Maroc et celles de l'Italie sur la Tripolitaine, c'était dans l'espoir de garantir ses intérêts méditerranéens.

En poussant la France à conclure avec l'Espagne le traité secret de 1904, elle se garantissait contre l'établissement d'une grande puissance maritime en face de Gibraltar. En laissant Tripoli aux Italiens, elle comptait obtenir la sécurité de ses intérêts dans la Méditerranée orientale. Avec une escadre à Gibraltar et une autre à Malte, elle pensait être maîtresse de la route qui conduit, à travers la Méditerranée, vers l'Egypte et l'Inde d'une part, vers Chypre et l'Orient d'autre part. Elle ne prévoyait pas, d'ailleurs, à ce moment, que l'Allemagne apporterait au développement de sa flotte l'activité fébrile dont elle donne le spectacle au monde depuis 1906. Encore moins pouvait-elle supposer que l'Italie convoiterait un jour la maîtrise de la Méditerranée orientale.

Cependant, l'Allemagne, l'Italie, l'Autriche elle-même se sont tournées du côté de la mer avec des ambitions inquiétantes non seulement pour l'Angleterre, mais aussi pour la France, la Turquie et la Russie.

Afin de se garantir contre les flottes allemandes qui, sans cesse, s'accroissent, l'Angleterre dut, pendant ces dernières années, activer ses constructions navales et renforcer sa *home fleet*. Pour ce dernier objet, elle réduisit ses forces navales méditerranéennes et transféra dans le Nord une partie des cuirassés qu'elle avait jusqu'alors entretenus à Malte.

Mais, dans ces derniers temps, la situation méditerranéenne s'est profondément modifiée. Non seulement l'Italie et l'Autriche ont donné une très forte impulsion à leurs constructions navales, mais encore l'Italie, après s'être annexée la Tripolitaine et la Cyrénaïque, a mis la main sur une partie des îles de la mer Egée, ce qui la rend prépondérante dans la Méditerranée orientale.

Il était impossible que ces faits ne provoquassent pas une très vive émotion en Angleterre. Se produisant à l'heure même où l'amirauté anglaise était obligée de prendre des mesures pour répondre à l'accroissement formidable de la flotte germanique, ils posaient la question méditerranéenne, pour les Anglais, sous une forme inquiétante.

La Grande-Bretagne ne serait-elle pas obligée de multiplier ses constructions navales, afin de contre-balancer celles de l'Allemagne, et de renforcer ses escadres de la Méditerranée devenues manifestement insuffisantes depuis que l'on a réduit le nombre de leurs cuirassés ? L'Angleterre, en un mot, n'était-elle pas contrainte de conserver simultanément la maîtrise des mers du Nord, vis-à-vis de l'Allemagne, et celle de la Méditerranée, vis-à-vis des alliées de l'empire germanique ? Ne serait-elle pas obligée, pour atteindre ce double but, de développer énormément sa flotte de guerre ?

Quelques journaux conservateurs émirent l'opinion que la manière la plus économique de résoudre ce problème consisterait à conclure avec la France une alliance offensive et défensive.

La France s'engagerait à développer suffisamment sa marine dans la Méditerranée pour y jouir constamment d'une prépondérance indiscutable sur les marines de l'Italie et de l'Autriche : l'Angleterre, de son côté, se chargerait de la protection du littoral français de la Manche et de l'Atlantique.

Ce mouvement d'opinion s'étant produit à l'heure même où se manifestait, dans certains milieux anglais, une tendance à sacrifier l'entente cordiale à un rapprochement avec l'Allemagne. le *Morning Post* disait : « On ne saurait se dissimuler que l'Angleterre doive, maintenant. ou établir sur une base sûre sa coopération avec la France, ou céder aux avances de l'Allemagne. D'autre part, la France doit choisir entre l'Angleterre et l'Allemagne. Si elle ne peut obtenir l'alliance avec l'Angleterre, elle sera forcée d'accepter les offres faites par l'Allemagne. Si l'alliance se réalisait, l'Angleterre défendrait les côtes de la Manche et celles de l'Atlantique. tandis que la France défendrait les intérêts français et anglais dans la Méditerranée. mais il sera, dans ce cas. du devoir de l'Angleterre de constituer une armée et une marine utilisant tous ses hommes, et soutenues par toutes ses richesses. »

Le *Spectator* invoquait à l'appui d'une alliance formelle entre l'Angleterre et la France la sécurité qui en résulterait au point de vue de la paix européenne.

« Un des dangers de la situation actuelle. disait-il, est que la plupart des Allemands ne prennent pas l'Entente cordiale au sérieux. Ils s'imaginent qu'au cas d'un péril bien réel, la Grande-Bretagne romprait ses liens. D'autre part, une alliance clairement définie rassurerait les pacifistes anglais en établissant nettement, à leurs yeux, l'impossibilité pour le gouvernement britannique, de s'engager dans une guerre d'agression, puisqu'un des alliés ne pourrait faire la guerre sans avoir consulté l'autre, en conformité du traité d'alliance. »

Le *Daily Graphic* insistait sur la diminution de l'influence anglaise dans la Méditerranée, puis, envisageant les divers moyens de corriger les effets de cette situation, il disait :

« Notre situation dans la Méditerranée est sérieusement compromise. Que faire ? Il y a quelques jours, M. Churchill faisait appel aux colonies et déclarait que le meilleur moyen de garder les routes de l'empire était la création d'une flotte impériale. Malheureusement, ce n'est pas une solution très pratique. Une telle flotte ne se construit pas en un jour, et, d'autre part, notre pavillon disparaît rapidement dans la Méditerranée. Il faut construire une nouvelle flotte ou conclure une alliance. Mais comme la construction d'une nouvelle flotte prendra un certain temps, il est difficile de voir comment un arrangement, sous une forme ou sous une autre avec la France pourrait être évité. »

Le même journal, faisant allusion à la conférence qui avait lieu à Malte, entre M. Asquith, premier ministre d'Angleterre, M. Winston Churchill, ministre de la marine, et lord Kitchener, protecteur de l'Egypte, disait encore : « Nos affaires étrangères sont vraiment dirigées avec négligence. Voilà une quinzaine, lord Crewe et lord Haldane haussaient les épaules à l'idée d'une alliance militaire. Aujourd'hui, le premier ministre et le premier lord de l'amirauté sont engagés à Malte dans des conférences où doit certainement figurer l'éventualité d'une alliance avec une puissance continentale. Il n'est pas besoin d'une grande perspicacité pour comprendre le problème qui se pose à ces éminents personnages. La Méditerranée n'est plus un chemin sûr de l'empire britannique. Nous ne sommes même pas capables d'assurer sa liberté. Que devons-nous faire ?

« Dans un de ses derniers discours, M. Churchill donnait au problème la solution suivante : Les colonies, avec une flotte impériale, assureraient les communications de l'empire. Malheureusement ce n'est pas une solution pratique. Pareille flotte n'est pas faite en un jour, et cependant notre pavillon disparaît presque de la Méditerranée. Nous devons, ou construire une nouvelle escadre méditerranéenne, ou conclure une alliance. »

La pensée des conservateurs anglais, tout au moins d'un certain nombre d'entre eux, apparaît clairement dans les lignes reproduites ci-dessus : l'Angleterre conclurait avec la France une alliance en vertu de laquelle notre flotte assurerait à l'Entente cordiale la maîtrise de la Méditerranée, de façon à garantir la liberté des communications de la Grande-Bretagne avec l'Egypte et l'Orient, tandis que la flotte anglaise protégerait tous les intérêts français dans le Nord et dans l'Atlantique.

Il importe de noter qu'aucun des journaux favorables à l'alliance franco-anglaise ne faisait la moindre allusion à la Russie. On est peu disposé, en Angleterre, à voir les Dardanelles s'ouvrir devant la flotte russe, et il n'y est jamais question du concours que cette flotte pourrait donner à l'Angleterre ou à la France dans cette mer. C'est donc uniquement le rôle que la flotte française pourrait jouer dans la Méditerranée qui fait l'objet des préoccupations de la presse conservatrice anglaise. La Russie elle-même, du reste, ne paraît guère songer à jouer un rôle maritime dans la Méditerranée, car son nouveau programme naval ne prévoit des constructions de cuirassés que dans la Baltique.

La manière de voir des conservateurs anglais avait été préconisée en France, au cours des dernières années, par quelques parlementaires et officiers, dont le but était de concentrer dans la Méditerranée tous nos bâtiments à artillerie, tandis que le littoral français de la

Manche et de l'Atlantique ne seraient protégés que par des flottilles de torpilleurs et de sous-marins et par les escadres britanniques.

Les partisans de cette conception notèrent avec une visible satisfaction la réduction des forces navales anglaises de la Méditerranée, la suppression de l'escadre cuirassée de Malte et le rôle nouveau assigné à l'escadre de Gibraltar. On sait, en effet, que dans la première répartition des forces navales britanniques arrêtée par le ministère libéral, l'escadre de Gibraltar était destinée à se porter, suivant les cas, soit dans la Méditerranée, soit dans les eaux de la Grande-Bretagne. Il semblait bien résulter de ces mesures que l'amirauté anglaise tendait à confier à notre marine la garde des intérêts anglais dans la Méditerranée.

Les déclarations des journaux conservateurs d'Angleterre relatives à une alliance franco-anglaise, dans laquelle notre marine aurait la charge de la police méditerranéenne furent donc accueillies favorablement en France par les parlementaires et les officiers auxquels j'ai fait allusion plus haut. Ils y voyaient la possibilité de réaliser leur idéal d'une marine française à peu près exclusivement méditerranéenne.

Leurs illusions n'ont pas été de longue durée. Tout d'abord, l'idée d'une alliance militaire, émise par les journaux conservateurs de Londres, fut combattue énergiquement par la presse libérale et gouvernementale.

« La politique de l'Entente cordiale, dit le *Daily Chronicle*, n'a pas eu et n'a pas de partisan plus enthousiaste que nous, mais nous sommes fortement convaincus que transformer une entente d'un caractère intime, pour employer une phrase récente de lord Crewe, en un traité d'alliance formelle, serait une erreur sous tous les points de vue.

« L'alliance n'ajouterait rien à la force de la France ou de l'Angleterre ; par contre, elle entraverait la politique des deux pays et ne manquerait pas de donner une nouvelle impulsion à la course aux armements. L'Entente cordiale a supporté la tension des événements critiques de l'an dernier. Quelle justification peut-on invoquer pour lui donner un caractère rigide et définitif ? Les chauvins, qui voient l'Allemagne partout, accueilleraient avec plaisir un traité d'alliance, pour deux raisons : 1° parce qu'il leur donnerait un nouvel argument pour demander la conscription en Angleterre ; 2° parce que l'alliance aurait une pointe dirigée contre l'Allemagne. Ce sont là deux raisons essentielles, non pas en faveur, mais contre une alliance avec la France ou toute autre puissance d'Europe. En outre, une puissante armée constituerait pour nos diplomates une tentation" constante d'intervenir dans les affaires continentales. »

Le très influent *Manchester Guardian* tint un langage analogue, en insistant sur la nécessité pour l'Angleterre d'améliorer ses relations avec l'Allemagne, afin d'écarter les chances de conflits : « Aucune raison, dit-il, découlant d'un changement soudain dans la situation, ni la découverte de dangers imprévus ne sont mises en avant par ces journaux (ceux qui demandent une alliance franco-anglaise) pour justifier un changement aussi considérable et aussi dangereux dans notre politique, et il n'y a aucune indication que ce changement soit, pour le moment, envisagé par le gouvernement.

« Il n'y a rien dans notre situation navale qui nécessite ou qui justifie une alliance militaire avec la France. Elle nous exposerait à des risques incalculables, rendrait la situation internationale plus instable et augmenterait beaucoup les chances, au cas où une guerre éclaterait, de la voir s'étendre à l'Europe tout entière.

« Pour nos intérêts comme pour ceux de la France, la sécurité se trouvera dans l'établissement entre l'Angleterre et l'Allemagne de relations meilleures. L'Allemagne elle-même le désire : il ne devrait donc pas y avoir, à l'exécution de ce plan, de difficulté insurmontable et il n'y a aucune raison pour qu'une amélioration dans les rapports anglo-allemands affaiblisse l'entente entre l'Angleterre et la France. Elle contribuerait au contraire à l'établissement de meilleurs rapports entre la France et l'Allemagne. »

L'insistance des conservateurs à recommander une alliance militaire avec la France n'eut donc d'autre conséquence que de provoquer, de la part des journaux libéraux et gouvernementaux, une manifestation plus ou moins germanophile.

Le *Times* lui-même, dont les sympathies pour l'Allemagne sont moins que vives, se prononça nettement contre toute idée d'alliance formelle avec la France. Il alla jusqu'à émettre l'idée que si l'Angleterre était attaquée par l'empire germanique, la neutralité amicale de la France serait préférable à son intervention armée.

Faisant d'abord allusion à l'entente actuelle de la France et de la Grande-Bretagne, il disait : « La force et la cordialité de leur amitié réciproque ont été démontrées. Les hommes d'État des deux pays savent fort bien l'étroite entente qui les unit à l'égard des problèmes fondamentaux de la situation européenne. »

Abordant ensuite la question de l'alliance, il disait : « Les conditions qui rendraient désirable une mesure semblable peuvent se produire un jour, mais elles ne se sont sûrement pas produites encore, et on ne saurait comprendre à quel point de vue la sécurité que les deux nations trouvent dans l'entente pourrait être accrue dans les circonstances actuelles par la transformation de cette entente en une alliance formelle. »

Après avoir insisté sur la grande faveur dont jouit l'entente cordiale en Angleterre, il mettait en relief les inconvénients d'une « alliance active sur mer et sur terre » dans les termes suivants : « Il n'y a heureusement, dans la situation actuelle, aucune raison de redouter une éventualité telle qu'une attaque contre nous. Mais si l'improbable arrivait, si cette attaque se produisait, il est clair que nos amis d'outre-Manche nous serviraient mieux en restant, s'il était possible, en dehors de la lutte, étant donné surtout que le *statu quo,*

dans la Méditerranée, pourrait bien être maintenu par
la flotte française, sans qu'elle prit une part active à la
guerre.

« Une coopération dans ce sens est assurée aux deux
partis par la force et la popularité de l'entente. Des
engagements plus formels ne sont pas nécessaires pour
baser leur confiance en une aide mutuelle.

« D'autre part, le manque d'élasticité qui résulterait
de rapports plus précis pourrait embarrasser les deux
gouvernements dans la mesure où il les lierait et rendrait en même temps une sage coopération moins
aisée.

« La puissance de la France est nécessaire à l'équilibre européen et l'équilibre européen nous est nécessaire à nous-mêmes.

« Cette formule définit les besoins réciproques des
deux pays, tels qu'ils existaient quand l'entente a été
créée et tels qu'ils existent encore aujourd'hui. Il ne
s'est rien passé qui puisse permettre de croire que notre
propre poids dans la balance soit aujourd'hui moindre
qu'il n'était dans les années passées. »

Tandis que les journaux libéraux d'Angleterre
repoussaient toute idée d'une alliance militaire franco-
anglaise, des protestations très vives étaient formulées
par des amiraux anglais contre tout projet de confier
à la France la défense des multiples intérêts qu'a la
Grande-Bretagne dans la Méditerranée.

Déjà, il y a deux ans, lorsque nos parlementaires
émirent la conception rappelée plus haut au sujet de
la répartition des forces navales anglaises et françaises, l'amiral lord Charles Beresford avait protesté contre tout abandon de la Méditerranée par la flotte
anglaise. « Si étroites, disait-il (1), que puissent être
les relations actuelles entre la France et l'Angleterre,
j'estime que tout en étant prêtes à unir leurs forces
au jour où surgirait ce qui serait à leurs yeux un
danger commun, elles ne doivent, en aucun cas, dans

---

(1) Interview publiée par le *Matin* du 26 septembre 1910.

l'intérêt même de ces relations, départager les responsabilités qui incombent à chacune d'elles, du fait de leurs intérêts commerciaux particuliers et de leur situation géographique... J'userai, quant à moi, de toute l'influence dont je peux disposer pour qu'en aucun cas la Grande-Bretagne ne s'en remette à une autre puissance du soin de protéger ses stations en Méditerranée et de défendre sa ligne de communication avec les Indes. »

Tout récemment, dans un discours prononcé à Cardiff, il disait de la visite faite à Malte par MM. Asquith et Winston Churchill : « Cette visite-là aboutira à l'augmentation des garnisons britanniques et fera disparaître la faiblesse de la situation de l'Angleterre dans le Levant. » Puis, faisant allusion à la thèse des conservateurs anglais relativement à la défense de la Méditerranée par la France, de la Manche et de l'Atlantique par l'Angleterre, il ajoutait : « Le premier signe de décadence d'une nation est de laisser à une autre nation le soin de veiller à ses intérêts et de faire son travail. Il incombe à la Grande-Bretagne de protéger elle-même ses communications, d'assurer la sauvegarde des routes par lesquelles lui arrivent ses subsistances. M. Winston Churchill a annoncé qu'il demanderait des hommes, des canons et du matériel naval. Il le faut bien après l'imbécillité, la folie, l'infamie de l'administration de M. Mac Kenna, son prédécesseur. »

Tandis que l'amiral Beresford, dont l'autorité est considérable en Angleterre, prononçait ce discours, on télégraphiait de Naples aux journaux de Londres : « La croyance s'affirme ici dans les cercles bien informés que lord Kitchener s'est prononcé nettement contre la proposition de retirer un seul navire de la Méditerranée. »

La *Pall Mall Gazette* affirmait, au même moment, que lord Kitchener avait formulé auprès des ministres anglais, dans la conférence de Malte, des protestations énergiques contre le déplacement de l'escadre de Malte. Et ce journal ajoutait : « A l'heure actuelle, la défense de notre route méditerranéenne vers l'Inde et l'Egypte dépend surtout de l'appui naval de la France ; c'est un changement complet dans la politique poursuivie jusqu'à présent par l'Angleterre, et lord Kitchener se rend compte du poids de la responsabilité qui lui échoit inopinément, isolé qu'il est dans le « fond de la bouteille. »

Après la conférence de Malte, alors que le cabinet anglais commençait l'étude des questions qui y avaient été posées, le *Daily Telegraph* disait : « Au Foreign Office, on déclare que le retrait des cuirassés de Malte pourrait être considéré comme un signe de la faiblesse britannique, ce qui diminuerait l'influence que la diplomatie anglaise peut exercer dans les conseils du Continent et tendrait ainsi à consolider la Triplice. »

Le 15 juin, le correspondant particulier du *Temps* à Londres adressait à ce journal une dépêche qui corrobore pleinement les observations précédentes : « Je crois savoir, disait-il, qu'à la suite du voyage accompli dans la Méditerranée par MM. Asquith et Winston Churchill, le gouvernement anglais a décidé de renforcer les unités navales anglaises stationnées à Gibraltar. Cette mesure n'implique d'ailleurs aucune défiance à l'égard des forces navales françaises dont l'Angleterre escompte, comme par le passé, la coopération pour le maintien du *statu quo* dans la Méditerranée. »

En ce moment même, on affirme que l'amirauté britannique est revenue sur les décisions prises dans ces dernières années au sujet des forces navales anglaises de la Méditerranée et que la commission de défense impériale a été saisie d'une proposition tendant à répartir les escadres anglaises dans la Méditerranée d'une part, dans le Nord de l'autre, de telle façon qu'elles puissent faire face, simultanément et d'une façon indépendante, à la flotte allemande dans le Nord, aux flottes de l'Italie et de l'Autriche dans le Sud.

Le 10 juillet 1912, sir Edward Grey, ministre des affaires étrangères, fit, à la Chambre des Communes, les déclarations très nettes que voici : « J'estime que nous devons maintenir en Méditerranée une force navale suffisante pour que nous puissions compter, en tout temps, au nombre des puissances navales méditerranéennes. Naturellement, cette force est indépendante des forces supplémentaires que nous pourrions avoir à y envoyer le cas échéant. Je désire qu'il n'y ait, à cet égard, aucun doute. »

Il suffit de jeter les yeux sur une carte de la Méditerranée pour se rendre compte de l'inéluctable nécessité d'agir de la sorte qui s'impose à la Grande-Bretagne. En admettant que la marine française possède la maîtrise absolue de la mer entre Gibraltar et Bizerte, l'Angleterre ne serait pas assurée de l'entière liberté de ses communications avec l'Egypte, Chypre et le fond de la Méditerranée, si elle n'entretenait pas, elle-même, une escadre en permanence à Malte et dans la Méditerranée orientale.

Aujourd'hui, avec notre première armée navale, la maîtrise de la Méditerranée occidentale est assurée à l'Entente cordiale. Mais on a vu par les chiffres donnés plus haut que la situation ne sera plus la même au 1er janvier 1917. Nos forces navales méditerranéennes étant alors notablement inférieures à celles de l'Italie et de l'Autriche, nous ne pourrons plus garantir à l'Angleterre la sécurité de ses communications avec l'Egypte et l'Orient. L'amirauté anglaise commettrait donc un acte de pure folie, si elle admettait la conception de nos parlementaires dont il a été question plus haut, c'est-à-dire si elle nous livrait la défense de ses intérêts dans la Méditerranée. Il est indispensable qu'elle crée une escadre de dreadnoughts spécialement destinée à s'appuyer sur la base navale de Malte.

La France, de son côté, commettrait la plus grande des imprudences, si elle n'activait pas tout de suite ses constructions navales, de façon à pouvoir tenir tête, en 1917, aux flottes de l'Autriche et de l'Italie. Nous devons être les premiers à nous appliquer le mot de lord Charles Beresford rappelé plus haut : « Le premier signe de décadence d'une nation est de laisser à une autre nation le soin de veiller à ses intérêts et de faire son travail. »

Il me paraît, du reste, inutile d'insister sur cette vérité auprès de notre gouvernement, car M. Poincaré l'exprimait, avant l'amiral anglais, dans son discours de Cannes, le 13 avril 1912, lorsqu'il disait devant la statue du défunt roi d'Angleterre qui fut l'initiateur de l'entente cordiale : « La France, attentive à sa tâche intérieure, ne songe à attaquer ni à provoquer personne autour d'elle ; mais elle a clairement conscience que, pour n'être elle-même ni attaquée ni provoquée, elle a besoin d'entretenir sur terre et sur mer des forces capables de faire respecter son honneur et de défendre ses intérêts.

« C'est sur ses propres ressources en hommes et en argent, c'est sur sa propre puissance navale et militaire qu'elle doit d'abord compter pour la sauvegarde de ses droits et de sa dignité. Mais l'autorité qu'elle puise en elle-même se fortifie grandement du concours que lui prêtent, tous les jours, dans l'action diplomatique, ses amis et ses alliés ; et nous ne saurions oublier qu'Edouard VII, le premier, a favorisé, inauguré et poursuivi cette collaboration amicale entre la France et le Royaume-Uni (1). »

Le soin avec lequel le président du Conseil distinguait, dans ces paroles, entre « le concours diplomatique » qui nous est donné « tous les jours » par « nos amis et nos alliés » et le devoir que nous avons de ne compter que « sur notre propre puissance navale et militaire » pour « la sauvegarde de nos droits et de notre dignité » nous permet de croire que le gouvernement n'hésitera pas à prendre les mesures nécessaires pour que notre situation maritime ne soit, à aucun moment, inférieure, dans la Méditerranée, à celle des alliées de l'Allemagne.

Ce but serait facilement atteint, si nous mettions tout de suite sur les chantiers assez de dreadnoughts, et

_________________

(1) *Journal officiel*, 19 avril 1912.

des dreadnoughts assez puissants, pour que notre flotte fut, au 1er janvier 1917, égale, sinon supérieure à celles de l'Autriche et de l'Italie.

La nécessité dans laquelle se trouve l'Angleterre de maintenir constamment une escadre à Malte et dans la Méditerranée orientale est, d'ailleurs, de nature à limiter nos sacrifices.

Ainsi que j'ai eu l'occasion de le dire à la tribune de la Chambre, lors de la discussion du programme naval, j'estime qu'avec une armée navale complète, c'est-à-dire trois escadres de six cuirassés chacune, flanquées de deux divisions de croiseurs cuirassés, nous serions, dans la Méditerranée, à la hauteur de tous nos besoins. Avec le concours d'une escadre anglaise à Malte et d'une autre à Gibraltar, la Triplice ne pourrait rien tenter dans la Méditerranée.

On dira peut-être qu'un tel déploiement de forces serait inutile, si l'Italie devait savoir gré à la France et à l'Angleterre de lui avoir, en quelque sorte, ouvert les portes de la Tripolitaine, de la Cyrénaïque et de la mer Egée.

On peut, en effet, caresser la pensée d'un partage de la Méditerranée entre l'Angleterre, la France, l'Espagne et l'Italie, grâce auquel l'Italie et l'Angleterre seraient prépondérantes dans la Méditerranée orientale, tandis que la France et l'Espagne le seraient dans la Méditerranée occidentale. Mais, en admettant qu'une telle distribution des influences soit possible, elle ne pourrait être solides que si les forces maritimes de l'Entente cordiale et de la Triplice se contre-balançaient au point d'avoir tout intérêt à vivre en bonne intelligence.

Quelle que soit l'hypothèse envisagée, on arrive donc à cette conclusion que la France doit être assez forte dans la Méditerranée occidentale pour n'y avoir à redouter aucune attaque des flottes de la Triplice. La même considération s'applique à l'Angleterre pour ce qui concerne la Méditerranée orientale. Elle s'est garantie contre la France en lui faisant abandonner le nord du Maroc à l'Espagne, elle ne peut se garantir contre l'Italie et l'Autriche qu'en développant ses forces navales dans la Méditerranée orientale. Cela lui sera facile, car ce ne sont ni les chantiers, ni l'argent, ni les marins qui lui manquent. Et plus elle sera forte dans la Méditerranée, plus nous y serons forts nous-mêmes, plus la paix méditerranéenne sera prolongée.

# CHAPITRE V

## La question navale océanique.

*La flotte anglaise et la flotte allemande dans le Nord. —
La flotte russe de la Baltique. — Nécessité de l'augmentation de la flotte anglaise. — Le projet d'alliance
franco-anglais. — Les craintes de débarquement en
Angleterre. — Le concours militaire de l'Angleterre.
— Les conditions indispensables de ce concours. —
La défense du littoral français de la Manche et de
l'Atlantique. — L'impossibilité de confier cette défense à la flotte anglaise. — Insuffisance des flottilles
pour la protection des eaux territoriales et du littoral.
— Nécessité d'escadres offensives françaises dans
l'Océan.*

Jusqu'à ces dernières années, la prépondérance
navale de l'Angleterre dans les mers du Nord et dans
les eaux européennes de l'Atlantique était aussi incon-
testée qu'incontestable. Il n'en est plus de même aujour-
d'hui. L'énorme développement que l'empire germanique a donné à sa flotte depuis quelques années
menace au plus haut degré la puissance maritime de la
Grande-Bretagne.

Questionné, il y a quelques jours, à la Chambre des
Communes, au sujet des constructions navales de l'Angleterre et de l'Allemagne, le premier lord de l'amirauté fit des réponses d'où il résulte que la distance
séparant la flotte anglaise de la flotte allemande va
chaque jour en s'atténuant.

*Première question.* — Au 31 mars 1902 et au 31 mars
1912, quel était le nombre des unités navales en construction dans les chantiers anglais et allemands ?

Réponse. — Au 31 mars 1902 : Angleterre, 31 ; Allemagne, 9. Au 31 mars 1912 : Angleterre. 16 ; Allemagne, 12.

*Deuxième question.* — Quel est le nombre des navires cuirassés destinés aux marines anglaise et allemande qui ont été lancés de 1898 à 1902, de 1903 à 1907. et de 1908 à aujourd'hui ?

Réponse. — De 1898 à 1902 : Angleterre, 38 ; Allemagne. 12. De 1903 à 1907 : Angleterre. 35 : Allemagne, 13 : de 1908 à 1912 : Angleterre, 19 ; Allemagne, 18.

*Troisième question.* — L'amendement de la loi navale allemande qui vient d'être mis en vigueur prévoit-il le maintien en armement complet de 29 cuirassés ?

Réponse. — Oui.

*Quatrième question.* — En faisant entrer en ligne de compte les 4 cuirassés rappelés de la Méditerranée. le nombre total des cuirassés anglais en armement complet dans les eaux anglaises sera-t-il de 27 ?

Réponse. — C'est exact.

Il résulte des réponses du premier lord de l'amirauté : en premier lieu que. de 1908 à 1912. l'Angleterre n'a construit qu'un seul cuirassé de plus que l'Allemagne ; en second lieu. que d'après la nouvelle loi allemande. la flotte de l'empire possédera 29 cuirassés entretenus constamment sur le pied de guerre. tandis que la flotte anglaise du Nord en possède seulement 27 dans la même situation. L'Angleterre possède. il est vrai. d'autres cuirassés, formant sa flotte de réserve, qui pourraient être armés en deux jours : mais tout le monde sait qu'à l'instant même où l'Allemagne voudra faire la guerre. elle fondra sur ses ennemis à l'improviste. Cette façon de procéder constitue la base des plans de son état-major et elle sera rendue possible par l'autocratie dont jouit son empereur dans le domaine de la guerre. Sur mer comme sur terre. le but de l'Allemagne. « est d'accabler. comme le dit le général von Bernardhi. un de ses adversaires avant que l'autre ait songé à intervenir. »

Il faut ajouter que les derniers croiseurs et croiseurs cuirassés allemands sont considérés par beaucoup d'hommes compétents comme supérieurs à ceux que l'Angleterre a construits pendant ces dernières années. La supériorité de la construction allemande se serait manifestée surtout pour les croiseurs-cuirassés du type dreadnought, dont l'empire paraît attendre de très importants services dans les opérations de bombardement et de débarquement.

Quoi qu'il en soit sur ce point particulier, la récente loi navale allemande prévoit qu'en 1917 la flotte de l'empire possédera, comme nous l'avons dit plus haut, 32 cuirassés de ligne, dont 17 dreadnoughts véritables et 20 croiseurs cuirassés, dont 7 du type dreadnought.

Quel sera, en 1917, le nombre des cuirassés et des croiseurs-cuirassés anglais du type dreadnought ? Il nous est impossible de le savoir. Mais nous sommes obligés de noter les inquiétudes qui se manifestent chez nos amis de l'autre côté de la Manche, tant au point de vue de la situation de la flotte anglaise qu'en ce qui concerne l'insuffisance manifeste de la nôtre. « Il faut, disait il y a quelques jours le *Daily Mail*, que nous soyons à même d'entretenir dans la mer du Nord des escadres dont la supériorité soit incontestable ; il faut que nous ayons dans la Méditerranée une escadre capable de défendre nos intérêts. On a suggéré à ce sujet un arrangement avec la France, mais c'est un arrangement absolument insuffisant. Il partage les responsabilités, ce qui est un système déplorable, d'autant plus que les escadres françaises auront bien assez de veiller à la sécurité des possessions françaises, et que dans un délai très court elles ne seront plus capables d'affronter les escadres combinées de l'Autriche et de l'Italie. Si nous voulons continuer à être une grande nation, nous devons être prêts à nous défendre nous-mêmes. »

Lord Roberts, dont on connaît la très grande autorité, insistait, il y a quelques jours, devant la Ligue pour le service obligatoire, sur la nécessité de renforcer simultanément l'armée et la flotte britanniques. Après avoir dit que l'amirauté avait dû prélever sur la flotte de la Méditerranée des éléments destinés à renforcer la flotte du Nord, afin d'empêcher des tentatives de débarquement auxquels l'armée anglaise ne pourrait pas s'opposer, il ajouta : « Si nous voulons continuer à être une grande nation, nous devons prendre immédiatement les mesures nécessaires pour renvoyer une escadre dans la Méditerrannée et réorganiser entièrement notre armée. Mais cette armée doit être assez forte pour écarter tout danger d'invasion et permettre à un corps expéditionnaire considérable et bien équipé de maintenir sur le continent un équilibre sérieusement menacé.

« Nous ne pouvons abandonner la Méditerranée et rester une grande nation. Nous avons provisoirement abandonné la maîtrise de cette mer : il faut la reconquérir. C'est une question vitale. Aucune alliance, aucun renforcement des garnisons de Malte et de l'Egypte ne suffiront. Nous devons reconquérir la maîtrise de la Méditerranée. C'est par les armes que nous avons bâti notre empire. C'est par la force des armes seule que cet empire peut subsister. »

L'importance de ce discours est singulièrement accrue par le fait qu'il répond aux inquiétudes très vives provoquées, dans toute l'Angleterre, par l'accroissement formidable de la flotte allemande. Depuis quelques années, ces inquiétudes se manifestent sous toutes les formes et en particulier sous celle de la crainte que l'Allemagne puisse opérer un débarquement dans les Iles Britanniques.

Il y a deux ans, afin de calmer l'opinion publique, le premier lord de l'amirauté fit publier un rapport où était affirmée « l'impossibilité d'une invasion de la Grande-Bretagne, même d'une invasion de 70,000 ennemis », chiffre reconnu par l'amirauté comme le plus élevé qui puisse être atteint. D'après ce rapport, l'impossibilité de l'invasion résultait de ce que la flotte anglaise serait toujours prête à attaquer l'ennemi flottant qui voudrait la tenter et de ce que, même au cas où il tromperait la surveillance de la flotte britannique, il serait assailli, pendant l'opération du débarquement, par les contre-torpilleurs et les sous-marins accourus en foule.

En réponse à ce rapport, le *Times* publia un article du célèbre écrivain militaire colonel A'Court Repington, où étaient mises en relief quelques vérités pénibles pour l'orgueil britannique. Il est vrai, disait le colonel, que les escadres anglaises sont « en ce moment », plus fortes que les escadres allemandes, mais la puissance de celles-ci augmente de jour en jour et il n'est pas certain que les escadres anglaises soient présentes tout entières au lieu choisi pour le débarquement ou sur la route très courte de ce lieu. Il ajoutait que l'artillerie allemande est supérieure à celle de la flotte britannique, que les contre-torpilleurs anglais auraient à compter avec les contre-torpilleurs allemands, et que « les premiers coups » des navires allemands seraient pour les sous-marins. Enfin, après avoir établi la possibilité de l'invasion du sol anglais par la flotte allemande, le colonel Repington insistait sur la nécessité pour l'Angleterre de faire des efforts supérieurs à ceux qu'elle fait depuis quelques années.

La thèse du colonel était corroborée par une déclaration de l'amiral Smith, d'après laquelle, au cours des manœuvres de 1909-1910, une flotte d'invasion portant 70,000 hommes put, grâce au brouillard, atteindre la côte britannique sans en être empêchée par l'escadre chargée de protéger les eaux territoriales anglaises.

On voit par là que la crainte des débarquements et de l'invasion allemande existe aussi bien parmi les autorités militaires et maritimes anglaises que dans la population. On comprend pourquoi, pendant les dix dernières années, l'Angleterre a fait de très grands sacrifices pour les défenses terrestres de ses côtes aussi bien que pour leur défense mobile. Et l'on a l'explication des paroles récemment prononcées par lord Haldane, tandis qu'il était encore ministre de la guerre, au sujet de l'armée anglaise.

On sait que le parti libéral d'Angleterre est absolument hostile à l'établissement du service militaire obligatoire. C'est un des traits principaux qui distinguent le parti libéral du parti conservateur. Or, au moment où il allait quitter le ministère de la guerre, lord Haldane prononça les graves paroles que voici :

« Un temps viendra où le Canada, l'Australie, la Nouvelle-Zélande, l'Afrique du Sud auront organisé leur défense militaire et leur marine. Ainsi, nous serons déchargés du pesant fardeau que nous portons aujourd'hui ; nous serons libres de consacrer nos ressources à notre défense propre. Nous devrons bien moins disséminer nos forces afin d'assurer la défense de l'empire. Si alors nous savons aboutir à des idées claires et si nous savons les réaliser méthodiquement, nous deviendrons la puissance militaire et navale la plus forte que le monde ait jamais vue. Le temps travaille pour nous.

« Tout ce qu'il nous faut savoir, c'est ce que nous voulons, et une fois que nous le saurons, il nous faudra le réaliser de tout notre cœur. Le système de recrutement volontaire est employé par nous aujourd'hui parce que nos obligations envers les parties les plus éloignées de l'empire nous forcent à y entretenir des garnisons, à y envoyer des corps expéditionnaires qui ne peuvent être demandés qu'à une armée de professionnels et de volontaires. *Mais tout cela peut changer.*

« Notre système n'a rien de magique et d'immuable. La question de savoir si nous devons avoir un service militaire libre ou obligatoire dépend entièrement des principes de notre politique étrangère et des problèmes qui se posent devant nous. D'ici vingt ans, notre politique étrangère peut être absolument différente, elle peut demander une distribution et une organisation de nos forces entièrement différentes. »

C'est la première fois qu'un ministre libéral anglais

a envisagé la possibilité de l'institution du service obligatoire. Il est manifeste qu'en tenant le langage rappelé ci-dessus, lord Haldane obéissait à la poussée d'opinion qui s'est produite en Angleterre, depuis quelques années, en vue du renforcement de l'armée britannique.

Son passage au ministère de la guerre fut, du reste, marqué par un effort considérable en vue de ce renforcement. C'est par lui qu'a été instituée l'armée territoriale anglaise et qu'a été créée l'armée expéditionnaire de 160.000 hommes que la Grande-Bretagne transporterait sur le continent lorsque certaines conditions internationales seraient réalisées.

Que ces efforts aient été couronnés de succès, on le conteste de l'autre côté de la Manche, surtout dans les milieux conservateurs où l'on réclame avec beaucoup d'énergie la création du service obligatoire. En prononçant les paroles citées plus haut, lord Haldane, qui est un pacifiste et un ami de l'Allemagne, a prouvé que le gouvernement libéral lui-même commence à se préoccuper gravement de cette question, en même temps que de celle de la Méditerranée.

Lord Roberts traduisait, sans contredit, l'opinion générale du peuple anglais lorsqu'il réclamait à la fois, des flottes assez fortes pour assurer à la Grande-Bretagne la maîtrise de la Méditerranée en même temps que celle des mers du Nord, et une armée assez nombreuse pour qu'une partie puisse être transportée sur le continent. Il est certain que cette conception est destinée à triompher en Angleterre, car c'est la seule qui s'harmonise avec la politique extérieure adoptée par le gouvernement britannique.

Cette politique n'a pas varié depuis Cromwell : elle consiste à empêcher qu'aucune puissance du continent établisse son hégémonie sur l'Europe. Elle crée à la Grande-Bretagne de très lourdes obligations, mais elle lui a toujours procuré une très grande force morale et matérielle. Pour l'avoir oubliée, il y a quarante-deux ans, elle se trouve aujourd'hui en face d'un empire qui met en péril son avenir maritime et colonial. Elle a parfaitement conscience des efforts et des sacrifices qu'elle doit s'imposer pour réparer son erreur, et il n'est point douteux qu'elle se les imposera.

Nous commettrions la plus grave des fautes si nous n'imitions son exemple, car nulle puissance, en Europe, n'est plus exposée que la France à souffrir de l'énorme développement militaire et naval qui a été pris par l'empire germanique. Nous ne devons jamais perdre de vue la menace qui nous est, chaque jour, adressée par les jingoïstes allemands. Si nous ne voulons pas être les « otages » d'un conflit, inévitable peut-être, entre la Grande-Bretagne et l'empire germanique, il est indispensable que nous développions à la fois notre puissance militaire et notre puissance maritime.

Nous devons être bien convaincus qu'en cas de guerre entre la Triplice germanique et la Triple entente, c'est sur la France que porteraient les premiers efforts des armées et des flottes de la Triplice.

Sur terre, nous serions, dès la première minute, attaqués tout le long de nos frontières de l'Est et du Sud-Est.

Si l'Allemagne vient de renforcer son armée active de plus de 100.000 hommes, si elle l'a portée à 705.000 hommes, tandis que la nôtre n'en a pas plus de 550.000, elle ne cache pas que c'est exclusivement dans le but de jeter sur nos frontières une armée de première ligne très supérieure à la nôtre, à la minute même que son empereur aurait choisie dans son omnipotence.

Sur mer, nous devrions, dès la première heure du conflit, faire tête, dans la Méditerranée, aux flottes de l'Italie et de l'Autriche, tandis que nos côtes de la Manche et de l'Océan, les dernières surtout, seraient exposées aux entreprises, sinon des escadres allemandes, du moins des puissantes divisions de croiseurs-cuirassés très rapides et armés en dreadnoughts que l'empire est en train de construire.

Il importe de noter que, dans cette guerre, nous ne serions que fort peu, ou pas du tout, aidés par la Russie, du moins d'une façon directe. Sur terre, elle serait attaquée en même temps que nous et ne pourrait nous prêter aucune assistance. Sur mer, elle serait impuissante à nous aider dans la Méditerranée, si, comme il est probable, la Turquie restait neutre et maintenait la fermeture des Dardanelles, conformément aux traités, devant la flotte russe de la mer Noire. Le gouvernement de Saint-Pétersbourg s'attend sans doute à ce que la Turquie agisse de la sorte, car il n'a pas demandé de crédits, dans la loi navale récente, pour le renforcement de la flotte de la mer Noire.

Quant à la flotte russe de la Baltique (1), pour laquelle la Douma vient de consentir un sacrifice de plus d'un milliard de francs, elle serait dans une situation assez pénible, si elle était empêchée par la flotte allemande de sortir de cette mer. Et si elle en sortait, sa situation serait plus difficile encore, car, étant moins forte que celle de l'Allemagne, il est probable qu'elle serait mise dans l'impossibilité de rejoindre ses ports d'attache. Elle ne serait d'une réelle utilité à la Triple Entente que si elle disposait d'un point d'appui, soit dans les Iles britanniques, soit plutôt sur un point de notre littoral de l'Atlantique.

---

(1) La Russie possède actuellement :

1° *Dans la mer Noire* : 1 cuirassé de 9,600 t., 2 de 11,048 t., 1 de 13,300 t., 3 de 12,900 t. Elle en construit trois de 22,500 t., armés de douze 305 m/m et de seize 120 m/m.

2° *Dans la Baltique* : 1 cuirassé de 9,200 t., 2 de 13,500 t., 2 de 17,400 t. Elle construit 4 dreadnoughts de 23,400 t., armés de douze 305 m/m.

La Russie, par une loi récente, vient, en outre, de décider la construction, dans la Baltique, pour 1916, de 4 grands croiseurs-cuirassés du type dreadnought.

Elle aura donc, à la fin de 1916, mettons au 1ᵉʳ janvier 1917, dans la Baltique : 11 cuirassés, dont 4 du type dreadnought et 4 croiseurs cuirassés du type dreadnought.

Le développement considérable que donne la Russie à sa flotte de la Baltique a été diversement interprété. En Angleterre et en France, on y voit le désir de la Russie de donner son concours à la flotte anglaise dans le Nord. En Allemagne, on se plaît à y voir le seul désir de la Russie « d'accroître sa capacité d'alliance ». Le mot fut dit devant la Douma par M. Sazonoff, ministre des affaires étrangères de Russie. Le comte de Reventlow en déduit : « Nous ne pensons pas que la Russie construise une flotte aussi puissante contre l'Allemagne ». Il n'est point douteux que c'est contre l'Allemagne que cette flotte pourrait le moins servir, si elle n'avait pas une base navale dans l'Atlantique.

Il y a là une question assez importante pour mériter l'attention des gouvernements alliés. Le jour où les grands dreadnoughts que la Russie est en train de construire ou qu'elle projette de mettre sur les chantiers seront en service, on devra se préoccuper de leur assurer une base navale dans l'Océan.

Cette base navale pourrait facilement être organisée dans les rades de la Charente, mises en relations rapides avec l'arsenal de Rochefort. Pendant fort longtemps, la Russie envoya tous les ans dans la Méditerranée une escadre qui séjournait dans la rade de Villefranche, où l'on avait installé à son usage de vastes magasins, des ateliers et un appontement. Il n'y aurait rien de plus facile que de créer des installations analogues dans la rade des Trousses et sur le plateau d'Enet.

En attendant que la flotte russe de la Baltique puisse donner un concours efficace aux marines de la Triple Entente, c'est à la France et à l'Angleterre que revient le soin d'organiser leurs forces navales de manière à tenir tête efficacement, dans le Nord, aux flottes de l'Allemagne, dans le Sud à celles de l'Italie et de l'Autriche. C'est, d'autre part, à l'Angleterre seule que la France pourrait demander un concours militaire.

L'infériorité de notre armée par rapport à celle de l'Allemagne résulte de ce que l'effectif de nos troupes est forcément inférieur à celui des troupes allemandes. Avec nos 40 millions d'habitants, il nous est impossible d'avoir un contingent militaire égal à celui que l'empire germanique peut tirer de ses 60 millions d'habitants. Aussi tout le monde admet-il, de l'autre côté de la Manche, qu'en cas de guerre entre la Triplice germanique et la Triple Entente, l'Angleterre aurait intérêt à nous prêter son concours efficace sur le continent. C'est en partie dans ce but que lord Haldane, étant ministre de la guerre, organisa l'armée expéditionnaire de la Grande-Bretagne.

Il faut noter que, pour être efficace, l'aide militaire de l'Angleterre devrait nous être donnée dès la première minute de la guerre. Il faudrait que la diversion anglaise se produisit en même temps que l'attaque de nos frontières, afin que l'Allemagne fût obligée de diviser ses forces de première ligne.

Dans les conditions actuelles, l'Angleterre pourrait-elle transporter sur le continent, sans les exposer à de gros risques, les 150,000 ou 200,000 hommes dont nous aurions besoin ? Il n'y a, croyons-nous, soit en France, soit en Angleterre, aucun chef naval ayant conscience de ses responsabilités qui puisse répondre par l'affirmative.

Tous nos cuirassés de ligne et tous nos croiseurs-cuirassés étant concentrés dans la Méditerranée, la flotte anglaise serait seule, aujourd'hui, pour protéger le passage du convoi des troupes, qui devait être considérable, contre la flotte allemande tout entière. Elle le pourrait d'autant plus difficilement qu'elle devrait, en même temps, protéger l'immense étendue des côtes des Iles-Britanniques afin de rendre impossibles les tentatives de débarquement et d'invasion qu'elle redoute par-dessus tout, et qu'elle devrait aussi défendre nos côtes du Nord et de l'Ouest, dont nous paraissons vouloir la charger, en n'entretenant dans le Nord qu'une escadre dépourvue de toute valeur militaire.

On se berce, en conséquence, d'une illusion très dangereuse lorsqu'on s'imagine, dans nos milieux parlementaires, que l'Angleterre, dans les conditions actuelles, nous donnerait un concours militaire efficace dès le début d'une guerre entre la Triplice germanique et la Triple Entente. En admettant qu'elle pût disposer de son armée expéditionnaire, elle ne pourrait se décider à la transporter sur le continent que si nous possédions dans le Nord une force navale cuirassée assez puissante pour protéger le convoi des troupes contre les petits navires à torpilles ou les croiseurs rapides de l'ennemi, pendant que la *home fleet* barrerait l'entrée de la Manche devant les escadres germaniques.

Cette première considération témoigne de la gravité

de l'erreur que nous commettrions si nous ne nous empressions pas de constituer dans le Nord une importante force navale cuirassée.

D'autres considérations nous y obligent, en particulier celle de protéger nos côtes contre les tentatives de bombardement ou de débarquement qui pourraient être dirigées contre elles par les escadres ou les croiseurs-cuirassés de l'Allemagne.

Il serait irrationnel et illusoire, en effet, de compter sur la flotte anglaise pour mettre notre littoral du Nord et de l'Ouest à l'abri de la flotte allemande.

Il serait non moins irrationnel et plus illusoire encore de penser que ce littoral pourrait être efficacement protégé par de simples flottilles de torpilleurs et de sous-marins. D'abord, il est un principe aussi incontesté dans la marine que dans l'armée, à savoir que la seule défensive vraiment utile consiste dans une offensive aussi active et aussi puissante que possible. Sur mer comme sur terre, pour se bien défendre, il faut attaquer. Or, sur mer, il n'y a d'attaque véritablement efficace, à notre époque, que celle dont les éléments sont constitués par des escadres cuirassés au moins aussi fortes que celles de l'ennemi. Et cela est d'autant plus vrai que les mers où les actions navales doivent se produire sont plus vastes.

Dans une mer très étroite, comme la Manche, il est possible de rendre difficiles et périlleuses, sinon impossibles, les manœuvres des escadres ennemies, au moyen de flottiles de torpilleurs et de sous-marins et par la dispersion de torpilles dormantes. Aussi croit-on généralement, parmi les marins, que, dès le début d'une guerre où les flottes de l'Angleterre, de l'Allemagne et de la France seraient engagées, les escadres éviteront la Manche, semée d'engins explosifs, et se porteront, comme le dit l'amiral Fournier, vers « les eaux libres de l'Océan Atlantique, où les cuirassés et les grands navires retrouvent la sécurité de leur route vers le large, en dehors du rayon d'action de ces engins (1). »

Dans le cas d'une guerre entre la Triplice et la Triple

Entente, c'est donc, très probablement, dans la mer du Nord ou dans l'Océan que se produiront les actions navales importantes. Si les escadres ou les croiseurs-cuirassés allemands doivent tenter des opérations de bombardement ou de débarquement sur les côtes françaises, c'est sur le littoral de l'Atlantique qu'il y aura lieu de les redouter plutôt que sur celles de la Manche où les grands navires ne seraient pas en sécurité. Ce sont, en conséquence, les points de notre littoral océanique susceptibles de tenter l'ennemi qu'il faut mettre tout particulièrement en état de défense.

Les torpilleurs et les submersibles peuvent-ils suffire à cette défense, comme l'ont affirmé certains parlementaires ? Dans un rapport officiel sur le budget de la marine, M. le sénateur Monis, qui devint plus tard président du conseil, ne craignait pas de dire, il y a quelques années : « L'envoi ou le maintien dans le Nord, en temps de guerre, de la totalité ou d'une partie de nos navires de combat de haut bord est inutile et dangereux. Conséquemment, les circonstances nous imposent de confier à des sous-marins offensifs la mission de protéger notre littoral de la Manche et de l'Océan (1) ». Cette opinion était, du reste, singulièrement contredite, dans le même rapport, par l'observation suivante dont il est impossible de contester la justesse : « Les sous-marins ne suffiraient pas à mettre l'Algérie et la Tunisie à l'abri d'une invasion. »

Si M. Monis considère cette observation comme juste en ce qui concerne l'Algérie et la Tunisie, il trouvera sans nul doute rationnel qu'elle soit appliquée au littoral de la Manche et de l'Océan où les conditions de la mer, du climat, des côtes, sont beaucoup moins favorables que dans la Méditerranée au rôle des sous-marins et des torpilleurs.

Pour ce qui est des sous-marins, la catastrophe du *Vendémiaire*, qui a fait perdre à notre marine l'un de

---

(1) Voir *Le Matin* du 18 septembre 1910.
(1) Rapport sur le budget de la marine pour 1910, au nom de la commission des finances du Sénat.

ses meilleurs submersibles et qui coûta la vie à vingt-quatre Français plein de jeunesse, contient une leçon que les parlementaires partageant l'illusion de M. Monis feront bien de méditer.

Rappelons-nous que le *Vendémiaire* fut coupé en deux par l'étrave du cuirassé de ligne *Saint-Louis*, au moment où, à la suite d'une plongée, il remontait à la surface, et cherchons à comprendre comment la catastrophe se produisit.

Lorsqu'un sous-marin est à l'état de plongée, son commandant observe ce qui se passe autour de lui, à la surface de la mer, au moyen d'un appareil, le « périscope », qui émerge d'une trentaine de centi-mètres au-dessus de l'eau.

Au moyen de cet instrument, le commandant du sous-marin scrute l'horizon de tous les côtés, afin de découvrir les cuirassés qu'il a mission de torpiller. Si la surface de la mer est calme, s'il n'y ni brume ni embruns, il les découvre à une assez grande distance. Mais le cuirassé, de son côté, voit le périscope de très loin et, par conséquent, peut éviter le sous-marin avec facilité, car sa vitesse est très supérieure à celle de son ennemi. Le *Vendémiaire* ne pouvait pas marcher sous l'eau à plus de sept nœuds, tandis que le *Saint-Louis*, au moment de la catastrophe, devait en filer dix ou douze.

Les sous-marins ont donc tout intérêt à montrer le moins possible leur périscope. Lorsque le commandant de l'un de ces petits navires a découvert un cuirassé et repéré sa position, il fait disparaître son périscope sous l'eau. Au bout d'un certain temps, il fait une nouvelle observation, aussi courte que possible, puis submerge de nouveau son instrument d'observation. Il continue à manœuvrer de la sorte jusqu'à ce que le cuirassé soit assez rapproché (400 mètres environ) pour que la tor-pille destinée à le frapper puisse être lancée avec des chances de succès.

Dans une mer dépourvue de courants ou n'en ayant que de faibles, comme la Méditerranée, cette manœuvre n'offre pas d'inconvénients sérieux : le commandant du sous-marin peut apprécier assez exactement, pendant l'intervalle de ses observations, la position dans laquelle il se trouve par rapport au cuirassé qu'il veut torpiller.

Lorsqu'il existe des courants plus ou moins forts, comme dans la Manche et l'Atlantique, il n'en est plus de même. Pendant le temps qu'il dissimule son périscope, le sous-marin peut être entraîné par des courants plus ou moins forts dans une direction inconnue et avec une vitesse qu'il ne peut pas mesurer. Il pourra donc se faire qu'il soit drossé contre le cuirassé dont il voulait faire sa victime.

Il est probable que les choses se sont passées de la sorte pour le *Vendémiaire*, car dans le lieu de l'accident il existe des courants sous-marins de huit et dix nœufs. Peut-être est-ce de la même façon que s'est produit, il y a deux ans, près de Calais, la catastrophe du *Pluviôse*. Celui-ci fut défoncé par un paquebot sur la route duquel il avait dû être entraîné par le courant.

Il ne faut conclure de ces faits ni que l'on doive renoncer aux manœuvres par lesquelles les sous-marins cherchent à se rendre invisibles pendant le plus long temps possible, ni que les sous-marins ne doivent pas être utilisés dans les mers à forts courants. Mais il est permis de trouver étrange qu'après avoir refusé aux sous-marins la possibilité de préserver la Provence ou l'Algérie contre les attaques des navires à artillerie, on considère les sous-marins comme très propres à jouer ce rôle, et à le jouer seuls, dans les mers à forts courants, telles que la Manche ou l'Atlantique. Cette conception paraît plus étrange encore lorsqu'on sait que les mers à forts courants sont aussi les mers à très grosses vagues, à brouillards très épais, à vents violents, à brumes fréquentes, même quand il fait beau, comme le jour où le *Vendémiaire* fut éventré par le *Saint-Louis*.

Toutefois, même dans la Manche et l'Atlantique, il y a lieu d'utiliser les sous-marins et les torpilleurs ; mais, selon le mot très juste de M. Laubeuf, qui est le père de nos submersibles, il ne faut pas demander à ces navires plus qu'ils ne sont capables de donner ; il ne faut pas croire surtout qu'ils puissent suffire seuls à la défense de nos eaux territoriales et de nos côtes, dans nos mers septentrionales ou occidentales.

Ils ne peuvent agir que pendant le jour et lorsque le temps est assez clair pour que leur périscope puisse sonder l'horizon de tous les côtés. La nuit, ils sont inutilisables parce qu'ils sont aveugles. Par conséquent, ils ne peuvent être d'aucune utilité pendant la nuit pour la protection des ports ou des côtes et pour l'attaque des navires naviguant au large ou rentrant dans leurs ports d'attache.

Le vice-amiral Fournier (1), qui a terminé sa carrière dans l'inspection des flottilles, préconise l'action des sous-marins dans ces divers rôles ; mais il ne dissimule pas les dangers auxquels ils seraient exposés si on voulait les utiliser dans les batailles navales. « L'utilisation probable, dit-il, des torpilles automobiles par les vaisseaux eux-mêmes, dans les rencontres navales, maintenant que ces engins portent à 4.000 mètres, *rendra très périlleuses les manœuvres sous-marines des submersibles, entre les lignes de bataille antagonistes,* lorsque la mer y sera sillonnée dans les deux sens par de nombreuses torpilles de ce genre. »

L'amiral Fournier s'oppose donc justement à ce que l'on adjoigne des sous-marins aux escadres, comme certains officiers l'ont demandé, et il rejette l'idée de leur donner un déplacement supérieur à 500 tonnes — déplacement qui serait nécessaire pour accroître leur vitesse sous l'eau. Il fait valoir justement qu'il en résulterait une augmentation considérable du prix de ces navires et la nécessité de diminuer leur nombre, alors que le nombre est, à ses yeux, une condition du succès.

D'abord, plus seront nombreux les submersibles attachés à un point déterminé de nos côtes et plus ils auront de chances d'atteindre l'ennemi. Ensuite, il faut

---

(1) *La politique navale et la flotte française*, p. 110-145.

compter avec la fatigue des équipages de ces petits
navires. « Il sera préférable, dit-il, afin de ménager,
pendant la guerre, l'équipage et le matériel de nos
submersibles, de ne point prolonger outre mesure la
durée de leurs croisières offensives. On y parviendra en
établissant entre eux, dans chaque centre de leur
rayonnement sur notre littoral, un roulement pour leur
service à la mer. Celui-ci devra être réglé de façon que
chacun des points stratégiques à couvrir devant les
ports menacés, près des lieux d'atterrissage, dans les
détroits, sur les routes à surveiller, etc., soit sans cesse
occupé par un de ces bâtiments. C'est surtout grâce à
cette vigilance incessante, au choix et la quantité de
leurs postes de stationnement, qu'ils arriveront à multiplier, en proportion de la durée des hostilités, du
nombre et de l'activité des navires ennemis, les occa-
sions de torpiller efficacement ceux-ci à leur passage,
en se rapprochant discrètement de leur route. On voit
quel intérêt nous avons à ne pas construire des submersibles de croisière d'un trop grand tonnage, afin d'en
avoir, à dépense égale, suffisamment pour leur faire
occuper sans discontinuité, par roulement, les postes
extérieurs, tout en leur assurant, entre temps, dans les
ports, les séjours nécessaires au repos de leur person-
nel et à la réparation de leur matériel. »

L'amiral Fournier estime « à une trentaine environ
le nombre de points à faire occuper constamment, en
temps de guerre, par nos submersibles, dans le cadre
maritime immédiat de la France, pour y développer
l'effet destructif efficace qu'on peut en attendre. » En
partant de cette donnée, il évalue à 90 environ le
nombre des submersibles autonomes « de 500 tonnes
en plongée, et d'une longueur de 52 mètres au plus »,
qui sont nécessaires à notre littoral.

Il ajoute : « Ce déplacement est déjà suffisant contre
la mer pour un submersible de *croisière*, et se prête
encore, à la rigueur, par sa longueur, aux manœuvres
d'approche sous-marines jusqu'à 400 mètres environ
des navires ennemis. Des submersibles plus grands et

d'un plus fort tonnage ne pourraient plus évoluer sans danger aussi près de leurs adversaires, ni exécuter, au besoin, avec la sûreté nécessaire, des plongées rapides au dessous d'eux. Ils seraient de cette façon réduits, par prudence, à lancer leurs torpilles de beaucoup plus loin, et à perdre ainsi des chances d'atteindre le but. »

Quelle est l'importance de ces chances dans les conditions normales ? Voici la réponse de l'amiral Fournier : « D'après les nombreux exercices auxquels j'ai assisté ou dont j'ai eu connaissance, la proportion dans laquelle un submersible peut arriver à atteindre, près du navire à torpiller, sa position de lancement, sans avoir été aperçu par cet adversaire est à peu près de 80 0/0 dans les opérations de bombardement, de blocus étroit, de débarquement de troupes et dans les bombardements. »

Il cite, à l'appui de cette assertion, les faits suivants : « Tout récemment, dans le cas du blocus réalisé au cours des exercices de défense des abords du port de Lorient, les submersibles et sous-marins ont réussi plus de quarante attaques contre des bâtiments bloqueurs de l'escadre du Nord. Dans un autre exercice, les deux submersibles *Pluviôse* et *Ventôse*, du type Laubeuf, et l'*Emeraude*, du type Maugas, partis de Lorient, ont bloqué pendant trois jours et trois nuits le port de Cherbourg, réussissant douze attaques sur l'escadre du Nord pendant ses tentatives de rentrée ou de sortie. » Dans un simulacre du bombardement du port de Marseille, exécuté en 1906, sous les ordres de l'amiral Fournier, lui-même, et dans lequel « les escadres défilaient le long du littoral, dans les conditions de la guerre, chacune suivant le sillage de la précédente», on constata que les attaques de submersibles ou de sous-marins réussies s'élevèrent à la proportion de 80 0/0. L'amiral Fournier ajoute : « En réduisant ce chiffre de façon à tenir compte des lancements qui, dans la réalité, auraient pu être infructueux, malgré le grand nombre, la courte distance et la longueur des vaisseaux, la lenteur et la régularité de leur marche, indispensables à la précision de leur tir, il restait encore un pourcentage des plus avantageux, et de nature à retirer à tout chef d'armée navale la tentation de procéder à un bombardement de ce genre. »

L'amiral Fournier explique les résultats vraiment remarquables que les sous-marins obtinrent dans cet exercice, par l'obligation dans laquelle se trouvent les cuirassés bombardeurs de se tenir à une distance de la côte connue d'avance des commandants des sous-marins, car elle ne peut guère dépasser 6,000 mètres, et de défiler les uns à la suite des autres dans une position déterminée par la nature de l'action qu'ils ont à accomplir. Les submersibles savent donc dans quelle position ils doivent se placer pour attendre les cuirassés. « Le sous-marin voit arriver, de plus de dix kilomètres, la ligne des vaisseaux. A mesure qu'elle se rapproche, il rectifie sa position au moyen de petites émersions très courtes et très rares de son périscope ; et, quand le but qu'il a choisi défile à son tour devant lui avec une vitesse, dès lors connue et nécessairement lente et régulière pour les besoins de son tir, il lui lance sa torpille dans des conditions aussi favorables que possible. Il reste même en mesure d'exécuter, presque aussitôt, un second lancement contre un des vaisseaux suivants. » Les sous-marins n'ont, d'autre part, dans ces conditions, rien à craindre des contre-torpilleurs qui, d'ordinaire, sont appelés à protéger les escadres contre leurs attaques, car, les contre-torpilleurs sont obligés, « dans un bombardement de cette nature, de leur laisser le champ libre entre la côte et la file des vaisseaux, où pleuvent les projectiles, pour s'abriter eux-mêmes, de leurs coups, derrière la masse protectrice de ces bâtiments. »

Que, dans un exercice de ce genre, les sous-marins aient pu s'approcher, dans la proportion de 80 0/0, du cuirassé à torpiller, jusqu'à la distance convenable pour le lancement de la torpille, il n'y a évidemment pas lieu de s'en étonner. Mais il est non moins évident que l'exercice lui-même n'avait rien d'une opération de guerre. Alors même qu'il n'existerait aucun sous-marin au monde, il serait impossible, dans l'état actuel de l'artillerie navale et de l'artillerie de forteresse, de faire défiler une escadre à 6 milles de forts bien armés, en plein jour, dans le but de bombarder ces forts. Après les expériences de la guerre russo-japonaise, on ne peut ignorer que les bombardements en plein jour de forteresses convenablement armées sont beaucoup plus dangereux pour les navires que pour les forts. Les Japonais avaient cru qu'ils pourraient prendre Port-Arthur par mer : ils furent bientôt contraints d'y renoncer et obligés d'en faire le siège par terre. Ils durent abandonner également le projet de détruire Vladivostock avec leurs navires.

. L'expérience de 1906 ne prouve donc absolument rien au point de vue du rôle que les sous-marins pourraient jouer, en temps de guerre, dans la protection d'un port fortifié que l'ennemi flottant voudrait bombarder. A coup sûr, cet ennemi n'agira pas pendant le jour, non seulement par crainte des sous-marins, mais surtout à cause des destructions que les forts bombardés exerceraient dans ses escadres.

Les bombardements et même les débarquements, dans les conditions actuelles de la guerre navale, ne pourront guère être tentés que pendant la nuit. Or, pendant la nuit, les submersibles immergés sont aveugles au point de ne pouvoir attaquer les cuirassés, et ils sont obligés de rentrer au port ou de se tenir loin des armées navales, à moins de s'exposer à des accidents terribles. « Le sous-marin, dit avec raison l'amiral Fournier, n'a point à redouter les projectiles du bâtiment assailli ; le seul danger qui le menace — mais il est redoutable — c'est celui d'une collision de nature à entraîner une catastrophe et qu'une hésitation, un manque de présence d'esprit ou de coup d'œil du commandant dans des manœuvres, peut suffire à provoquer. » Un courant malencontreux peut exercer une influence non moins funeste, comme il est probable que cela s'est produit dans les catastrophes du *Pluviôse* et du *Vendémiaire*. Et si toutes ces causes redoutables de destruction agissent en plein jour, par beau temps et dans des parages admirablement connus des commandants, n'est-il point permis de croire qu'ils seraient beaucoup plus fréquents dans des régions moins bien connues et surtout pendant la nuit ?

Le sous-marin devra donc, la nuit, non seulement se priver de toute offensive, mais encore se garer contre les collisions nécessairement mortelles auxquelles il pourrait être exposé s'il se tenait en des lieux fréquentés par les grands navires.

Les submersibles pourraient, dans quelques conditions spéciales, tenter l'attaque des cuirassés pendant la nuit, en naviguant à la surface ; mais leur vitesse est trop faible et leurs dimensions trop fortes pour qu'ils puissent risquer leur existence et celle de leurs équipages contre des bâtiments à artillerie se tenant sur leur garde et qui sont plus rapides qu'eux.

Le submersible, comme le sous-marin proprement dit, est, de l'avis de tout le monde, un engin de jour, et un engin contre lequel il est assez facile aux escadres de se protéger au moyen de leurs contre-torpilleurs, tandis que chaque cuirassé ou croiseur-cuirassé se met, individuellement, à l'abri des coups de la torpille, au moyen de ses filets Bullivan, du compartimentage de sa coque, parfois d'un caisson cuirassé situé au-dessous de la flottaison, etc.

Le seul engin de guerre qui puisse menacer sérieusement les grands navires à artillerie pendant la nuit, c'est le torpilleur. Sa qualité maîtresse réside dans une invisibilité plus ou moins prononcée. Quand on inventa les torpilleurs, on les fit aussi petits que possible : ils étaient si petits qu'ils ne pouvaient pas s'éloigner des ports et qu'ils n'avaient point une vitesse suffisante. Car, s'il faut qu'ils soient peu visibles, il faut qu'ils soient très rapides, afin d'échapper aux coups de l'artillerie. On a donc augmenté graduellement leur taille afin de pouvoir les rendre plus rapides. Aujourd'hui, toutes les marines confient le rôle de torpilleur aux navires de plusieurs centaines de tonnes que l'on créa naguère, sous le nom de contre-torpilleurs, dans le but de poursuivre et de détruire les torpilleurs. Plus le torpilleur est grand, plus il peut s'éloigner des ports, mais aussi moins il est apte à jouer le rôle de torpilleur, car, suivant l'expression très juste de l'amiral Fournier : «L'attaque d'un torpilleur non submersible contre un bâtiment de haut bord doit se faire, en principe, *par surprise.* »

Cette surprise ne peut avoir lieu que pendant la nuit, lorsque celle-ci est obscure. Elle est rendue difficile dans la marine moderne, par les projecteurs lumineux très puissants dont les grands navires sont pourvus. Avec ces appareils, non seulement le cuirassé découvre le torpilleur, mais encore il l'aveugle au point de rendre son tir impossible et de gêner sa fuite. Pendant ce temps, il le crible de projectiles et le détruit s'il ne s'évade pas avec une extrême rapidité. Aussi admet-on que tout cuirassé sur ses gardes est à l'abri des torpilleurs. Le premier jour de la guerre russo-japonaise, quelques torpilleurs ayant pénétré dans la rade de Port-Arthur, où les cuirassés russes n'avaient pris aucune mesure de surveillance, purent atteindre trois navires avec leurs torpilles. Par contre, après la bataille de Tsoushima, « où les navires russes, s'attendant aux assauts des torpilleurs et contre-torpilleurs japonais, se tenaient prêts à les repousser, les retours offensifs fréquemment renouvelés de ces petites unités furent en grande partie infructueux et leur coûtèrent des pertes sérieuses. Trois torpilleurs furent coulés, et deux autres, ainsi que quatre contre-torpilleurs, mis hors de combat. »

Plus les grands navires à artillerie se perfectionnent et moins les torpilleurs deviennent dangereux pour ces navires. « Avec la vitesse des bâtiments actuels, dit non sans raison le commandant Daveluy (1), et la rapidité de tir de leur artillerie, une escadre peut se présenter de jour devant un port, vider ses soutes et

---

(1) Esprit de la guerre navale,

reprendre le large sans avoir rien à craindre des torpilleurs de la défense locale. » Les bombardements ne sont pas, il est vrai, susceptibles de provoquer de très grands dégâts matériels, mais il faut tenir compte de l'émotion profonde qui s'emparerait de la population et même de l'armée si, comme le dit justement l'amiral Darrieus, il se produisait « une promenade, sans entrave, des escadres allemandes, tout le long de nos côtes » et si avaient lieu les « bombardements successifs, par des cuirassés ennemis, de Calais, de Boulogne, etc. »

Ce n'est pas non plus avec des torpilleurs qu'il serait possible d'empêcher un débarquement. La nuit, les torpilleurs seraient écartés du convoi par les contre-torpilleurs de l'escadre protectrice de ce dernier. Le jour ils seraient détruits par les bâtiments à artillerie avant d'avoir pu s'en approcher. Les submersibles ne seraient. d'ailleurs, pas plus efficaces qu'eux contre ces opérations. Si elles se faisaient la nuit, ils seraient impuissants. et si elles se faisaient de jour, ils seraient détruits par les contre-torpilleurs et peut-être par les aéroplanes, ainsi qu'en témoignent les expériences de la récente revue navale de Spithead.

Or, les débarquements sont des opérations que la France doit redouter de la part de l'Allemagne, à cause de l'énorme supériorité numérique de l'armée germanique. Dans une conférence faite récemment devant la Ligue maritime, le contre-amiral Darrieus (1), qui fait partie de l'état-major général de la marine, a légitimement insisté sur le danger de ces opérations.

Répondant aux militaires et aux parlementaires ou publicistes qui traitent de chimériques les craintes relatives aux débarquements. le contre-amiral Darrieus dit : « En quoi serait-il plus difficile à une flotte allemande. maîtresse absolue de la mer, de jeter sur telles ou telles plages de nos côtes de Normandie. de Bretagne *ou d'ailleurs*, des armées importantes, qu'il ne l'a été à la marine japonaise de débarquer des hommes

_______________

(1) La puissance navale nécessaire.

par centaines de mille à Chemulpo et sur le littoral mandchourien ? »

Il note que si la marine du Japon a pu opérer ces débarquements sans rencontrer d'opposition, c'est parce que la flotte japonaise avait conquis la maîtrise de la mer ; et il fait observer, non sans raison, que cette maîtrise de la mer appartiendrait à l'Allemagne, dès le début de la guerre, « grâce au sacrifice consenti à l'avance de notre puissance navale. » Ne possédant « aucune force antagoniste, capable de s'opposer à une opération de débarquement, l'initiative des Allemands resterait entière », comme le fut celle des Japonais.

Les Allemands, demande-t-il, profiteraient-ils de la maîtrise de la mer pour opérer des débarquements sur nos côtes ? Il montre, en réponse à cette question, l'armée allemande tellement supérieure en nombre à la nôtre qu'il serait facile d'en distraire un ou plusieurs corps d'armée pour les consacrer à l'occupation d'un point de nos côtes. Il ne peut pas ignorer que des opérations de ce genre figurent, en effet, parmi celles dont le grand État-Major allemand se préoccupe. « Je ne vois pas, encore une fois, conclut-il, en quoi une pareille éventualité mérite l'épithète de chimérique. »

Il déduit fort logiquement de ces très justes considérations le devoir pour la France d'accroître notablement sa flotte : « La pleine liberté d'action de nos armées sur les Vosges, dit-il avec raison, l'atmosphère de sécurité, condition essentielle de leurs opérations prévues aux frontières terrestres, exigent en définitive que nos « frontières bleues », pour employer la très heureuse expression de M. Marcel Dubois, soient aussi gardées. »

Pour les garder, trois choses sont nécessaires : des défenses terrestres complétées par des défenses mobiles et, surtout, une force navale offensive assez puissante pour détruire les navires ennemis qui tenteraient d'opérer des bombardements ou un débarquement et pour menacer le gros de ses forces navales.

Comme le rappelle fort justement le contre-amiral

Darrieus, la formule essentielle de la stratégie navale se résume en trois termes : « chercher l'ennemi, le joindre et le battre. » Or, cette formule ne peut être réalisée que par de puissantes escadres cuirassées.

Seules, de telles escadres peuvent être maîtresses de la mer par tous les temps ; seules, elles sont capables de franchir de très grandes distances pour trouver l'ennemi ; seules, elles ont la puissante artillerie nécessaire pour le battre ; seules, par conséquent, elles peuvent empêcher toutes les opérations de l'ennemi flottant, en le détruisant.

La conclusion naturelle de la conférence de l'amiral Darrius est que le programme naval de 1910 doit être augmenté, afin qu'une armée navale française puisse être opposée, dans le Nord, à celle de l'Allemagne.

Si les escadres de cuirassés de ligne ou les divisions de croiseurs-cuirassés à tir rapide n'ont guère rien à redouter des torpilleurs pendant le jour et si, pendant la nuit, les attaques de ces navires ont fort peu de chances de réussir contre les bâtiments à artillerie qui sont sur leurs gardes ; si, d'autre part, les sous-marins ne peuvent agir que dans des conditions exceptionnellement favorables, et seulement quand il fait jour, il est de toute évidence que les torpilleurs et les sous-marins sont tout à fait insuffisants pour défendre un littoral quelconque, surtout s'il existe sur ce littoral des courants plus rapides que la vitesse des sous-marins, ainsi qu'on le peut constater sur diverses parties de nos côtes de la Manche et de l'Atlantique.

Enfin, si l'emploi des mines dormantes disposées à l'entrée des ports, dans les passages inévitables et dans les mers étroites, crée un danger redoutable pour les grands navires, il est susceptible de rendre fort périlleuse l'action des torpilleurs et surtout celle des sous-marins. On a dit, non sans raison, que la fréquentation de la Manche, surtout dans ses parties les plus étroites, serait fort dangereuse pour les escadres et les grands croiseurs-cuirassés. On peut ajouter, avec non moins de raison, que les torpilleurs et les sous-marins y cour-

raient aussi de très grands risques, en raison des mines
sous-marines qu'ils seraient incapables de découvrir, les
premiers en raison de leur faible élévation au-dessus de
l'eau, les seconds parce qu'ils sont aveugles pour tout
ce qui existe au-dessous de la surface de l'eau.

Tout cela est fort grave, car, selon la pensée très
juste de nos marins, c'est surtout dans la mer du Nord
ou dans l'Océan que se produiront désormais les gran--
des actions navales. Et pour ces actions, les puissances
maritimes ont besoin, plus encore dans l'Océan que
dans la Méditerranée, d'escadres cuirassées et de très
puissants en même temps que très rapides croiseurs-
cuirassés.

Ces escadres ou ces grands croiseurs, l'Allemagne,
l'Italie, l'Autriche les construisent avec une activité telle
que nous serons, en 1917, inférieurs dans la Méditerranée aux deux dernières et que, dans l'Océan, nous n'aurons à opposer à l'énorme flotte de la première, ni un
seul cuirassé, ni un seul croiseur-cuirassé.

Que les pouvoirs publics aient le devoir de remédier
tout de suite à une aussi déplorable situation, il n'y a
pas un seul homme compétent qui le puisse contester.
La seule question qui se pose devant notre patriotisme
est celle de la mesure des efforts que nous devons faire
pour donner à notre marine les moyens d'action qui lui
sont indispensables.

# CHAPITRE VI

## Nécessité de l'augmentation du programme de 1910.

*Echelonnement des mises en chantier d'après la loi
navale de 1912. — Possibilité de mettre sur les chantiers des cuirassés supplémentaires. — Nécessité de
deux armées navales françaises, l'une dans le Sud,
l'autre dans le Nord. — Il faut huit cuirassés supplémentaires. — La France doit être assez forte pour
défendre elle-même ses droits et sa dignité, sur mer
comme sur terre.*

Afin de déterminer le nombre des unités navales qui
nous sont nécessaires pour conserver la maîtrise de la
Méditerranée occidentale et pour faire face à la flotte
allemande dans l'Océan, il faut tenir compte du concours que l'Angleterre est appelée à nous donner dans
la Méditerranée et évaluer l'importance de celui qu'il
est de notre intérêt de lui apporter dans l'Océan.

Ce que nous avons dit déjà à propos des problèmes
navals de la Méditerranée et de l'Océan nous servira de
guide dans l'examen de cette question.

Autant qu'il est permis de le prévoir, d'après les constructions entreprises ou prévues en France d'une part,
en Italie et en Autriche de l'autre, il est certain que
nous serons, en 1917, inférieurs à ces deux puissances
tant au point de vue du nombre des cuirassés en service qu'à celui du nombre des dreadnoughts véritables
et de la quantité des pièces de gros calibre portées par
ces dreadnoughts.

Il est donc indispensable que, tout de suite, nous
mettions sur les chantiers des dreadnoughts assez
puissants pour faire équilibre, en 1917, à ceux des alliés
de l'Allemagne.

Mais nous devons élargir la question et nous demander combien il est nécessaire de mettre de cuirassés

sur les chantiers pour que nos escadres aient, en 1917
d'abord, en 1920 ensuite, — date où notre programme
naval doit être terminé — la maîtrise de la Méditerranée occidentale et la possibilité de protéger notre littoral
océanique.

D'après les documents officiels ou officieux connus,
l'Italie disposera probablement, en 1920, des navires
ci-dessous :

Les quatre *Roma*, analogues à nos cinq *Patrie*.

Le *Dante-Allighieri*, de 20,000 tonnes avec 12 pièces
de 305 m/m, supérieur à nos *Danton*.

Les *Conte-di-Cavour*, *Guilio-Cesare* et *Leonardo-da-
Vinci*, de 23,500 tonnes, avec 13 pièces de 305 m/m,
supérieurs à nos *Danton* et à nos quatre *Jean-Bart*.

Les *Andrea-Doria* et *Duilio*, de 26,000 tonnes, supérieurs à nos trois *Bretagne*.

6 cuirassés d'un tonnage et d'un armement supérieurs à ceux des précédents.

Soit, au total : 4 cuirassés analogues à nos *Patrie*, et
12 dreadnoughts dont tous ceux que nous connaissons
sont supérieurs aux navires de même type que nous
avons actuellement en service ou sur les chantiers.

L'Autriche, en 1920, possédera 3 cuirassés analogues
à nos *Patrie* et au moins 4 dreadnoughts analogues à
nos *Jean-Bart*.

Les deux alliées méditerranéennes de l'Allemagne
posséderont ensemble, en 1920 : 16 dreadnoughts et 7
cuirassés analogues à nos *Patrie*, soit, au total, 23 cuirassés de ligne.

Par conséquent, si la France devait faire face seule,
dans la Méditerranée, aux flottes de l'Italie et de l'Autriche, il faudrait qu'elle conservât dans la Méditerranée occidentale les 28 cuirassés de ligne qui figurent
au programme de 1910, et dont 15 seulement seront de
véritables dreadnoughts.

Il ne lui resterait aucun cuirassé à placer dans le Nord.

Grâce à l'Entente cordiale, en raison de la nécessité
qui s'impose à l'Angleterre d'entretenir constamment à
Gibraltar une escadre pour fermer, au besoin, la Médi-

:terranée et à Malte une autre escadre pour s'assurer la
.liberté des routes de l'Inde et de l'Orient, la France
.pourrait, en 1920, se contenter d'entretenir dans la
Méditerranée une armée navale complète.

En composant cette armée navale avec les 5 *Patrie*,
les 6 *Danton*, les 4 *Jean-Bart* et les 3 *Bretagne*, elle
aurait trois escadres de six cuirassés chacune. A ces
escadres, il lui suffirait d'ajouter les 7 croiseurs cuirassés des programmes de 1900 et 1906 pour être en état
de tenir tête presque seule aux escadres de l'Italie et
de l'Autriche. Il faut, en effet, ajouter que celles-ci
auraient à compter, dans la Méditerranée occidentale,
avec la défense terrestre de nos côtes qu'il est facile de
rendre très forte et avec nos flottilles de sous-marins et
de torpilleurs dont le rôle défensif et l'action offensive
sont beaucoup plus faciles dans la Méditerranée que
.dans l'Océan ou la Manche.

Avec cette armée navale française, qu'assisteraient
les deux escadres anglaises de Malte et de Gibraltar,
l'Entente cordiale aurait la maîtrise de la Méditerranée
tout entière, et la paix dans cette mer serait vraisem-
blablement assurée.

Il resterait à la France, sur les 28 cuirassés du pro-
.gramme de 1910, dix unités disponibles pour l'Océan.

Ces dix unités ne suffiraient pas pour donner à la
flotte anglaise tout le concours qu'il est de notre intérêt
.de lui apporter, mais elles formeraient la majeure partie d'une armée navale qu'il serait facile de constituer,
car ce ne sont ni l'argent ni les marins qui nous manquent. Il faudrait simplement construire, avant 1920,
huit cuirassés de plus que n'en comporte le programme
de 1910.

Avec ce complément de constructions, nous posséderions, en 1920, au total, 36 cuirassés de ligne, soit 9 de
moins que n'en demandait le Conseil supérieur de
notre marine en 1909.

Nos arsenaux et nos chantiers privés peuvent-ils
construire, avant 1920, les 8 cuirassés dont nous avons
besoin ? Aucun des hommes compétents que nous

avons consultés n'a hésité à répondre par l'affirmative.

Actuellement, la situation de nos constructions navales, en ce qui concerne les cuirassés du programme de 1910 est la suivante :

Le 1er août 1910, nous avons mis en chantier le *Jean-Bart* et le *Courbet*, à Brest et à Lorient.

Le 1er août 1911, la *France* et le *Paris*, semblables aux précédents, ont été confiés à deux de nos quatre chantiers privés.

Le 1er mai 1912, la *Bretagne* et la *Provence* ont été mises sur cale, à Brest et à Lorient, en remplacement du *Jean-Bart* et du *Courbet* qui venaient d'être lancés et sont en achèvement à flot.

Le 1er août 1912, la *Lorraine*, qui ressemble aux deux précédents, sera mise en chantier par l'industrie. Sur quatre chantiers privés, trois seront alors occupés.

Il en restera un non employé. Il serait donc facile de lui attribuer, soit dès cette année, soit en 1913, un des 8 cuirassés de supplément dont notre flotte a besoin. Ce navire serait en service en 1916 au plus tard.

Le programme voté par la Chambre prévoit, en outre, les mises en chantier suivantes :

En 1913, deux cuirassés à Brest et à Lorient, en remplacement de la *Bretagne* et de la *Provence*, qui auront été lancés.

Cette année-là, il serait possible de mettre sur les chantiers privés 3 cuirassés supplémentaires qui seraient prêts à servir en 1917.

Nous aurions donc, en 1917, avec les 4 cuirassés supplémentaires indiqués ci-dessus, 4 dreadnoughts de plus que n'en prévoit le programme de 1910. Si nous avions besoin de les conserver dans la Méditerranée, ils nous y assureraient une maîtrise indiscutable.

Le programme de 1910 prévoit la mise en chantier de 4 cuirassés en 1915, dont 2 dans les arsenaux de Brest et de Lorient, et 2 à l'industrie.

En 1916, en plus des prévisions du programme, nous pourrions mettre sur les chantiers de l'industrie 2 cuirassés supplémentaires.

En 1917, nous pourrions en mettre deux autres sur les chantiers de l'État, à Brest et à Lorient, ce qui compléterait le total de 8 cuirassés supplémentaires que nous considérons comme indispensables à notre flotte.

Les dates des mises en chantier indiquées ci-dessus ont été calculées d'après le temps que les divers chantiers des arsenaux ou de l'industrie mettent pour construire les cuirassés de grand tonnage.

A Brest et à Lorient, on peut mettre un cuirassé sur cale tous les dix-huit mois, et même tous les quinze mois si l'on veut presser un peu le travail.

Dans trois de nos chantiers privés (la Loire, la Seyne et Penhoël), on peut mettre un cuirassé en chantier tous les dix-huit mois ; le quatrième de ces chantiers (Bordeaux) ne peut en recevoir un que tous les deux ans.

Quant à la construction des éclaireurs rapides prévus par le programme de 1910, elle pourrait être commencée, dès qu'on le jugerait nécessaire, à Cherbourg et à Rochefort, qui sont particulièrement appropriés à cette sorte de constructions.

Avec la répartition que nous avons donnée, les arsenaux et les chantiers privés ayant du travail assuré jusqu'en 1920, les dispositions les plus économiques pourraient être prises en vue de la bonne exécution du travail et des économies à réaliser.

Il n'est point douteux que, dans ces conditions, des rabais importants seraient consentis par les chantiers privés et par les industries métallurgiques qui fabriquent les tôles, les blindages, les tourelles, l'artillerie, etc.

La dépense occasionnée par la construction des huit cuirassés supplémentaires dont notre flotte a besoin serait, à coup sûr, considérable ; mais, outre qu'elle pourrait être couverte par des ressources financières spéciales, elle assurerait à la France, dans les conditions actuelles du groupement des puissances, une telle force sur mer que son territoire serait inviolable par les ennemis flottants. Elle lui permettrait, en outre, de garder une excellente situation sur mer, alors même que la politique internationale se modifierait.

Avec les huit cuirassés supplémentaires envisagés ci-dessus, nous pourrions former deux armées navales *complètes*, c'est-à-dire comprenant chacune dix-huit cuirassés de ligne.

Avec les escadres anglaises de la Méditeranée, l'une de ces armées assurerait à l'Entente cordiale la maîtrise de la totalité de cette mer.

L'autre serait assez forte pour assurer à l'Angleterre la possibilité de nous donner, sur le continent, son concours militaire, dès la première minute d'une guerre, et pour garantir à la Triple Entente une prépondérance navale telle, dans le Nord, que toute guerre maritime y serait rendue impossible.

Qu'un effort analogue soit réalisé dans le but d'accroître notre puissance militaire et nous pourrons, avec fierté, appliquant le mot du président du conseil à la situation très forte que nous aurons créée, dire avec lui : « C'est sur ses propres ressources en hommes et en argent, c'est sur sa propre puissance navale et militaire que la France compte pour la sauvegarde de ses droits et de sa dignité. »

FIN

*Note.* — Les pages ci-dessus forment l'exposé des motifs d'une proposition de résolution déposée par M. de Lanessan sur le bureau de la Chambre le 12 juillet 1912 et renvoyée à la commission de la marine.

# TABLE DES MATIÈRES

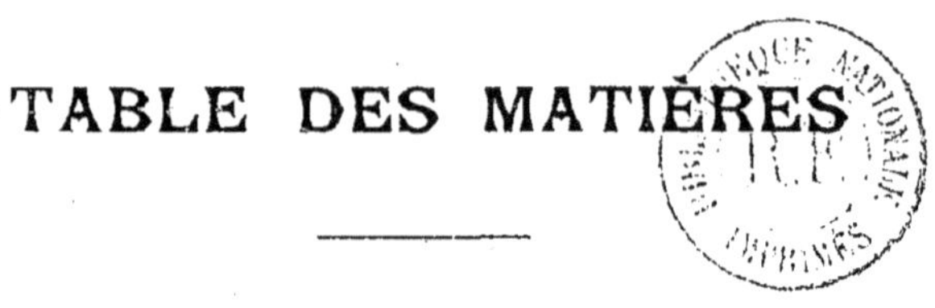

# CHAPITRE V

## La question navale océanique.

La flotte anglaise et la flotte allemande dans le Nord. — La flotte russe de la Baltique. — Nécessité de l'augmentation de la flotte anglaise. — Le projet d'alliance franco-anglais. — Les craintes de débarquement en Angleterre. — Le concours militaire de l'Angleterre. — Les conditions indispensables de ce concours. — La défense du littoral français de la Manche et de l'Atlantique. — L'impossibilité de confier cette défense à la flotte anglaise. — Insuffisance des flottilles pour la protection des eaux territoriales et du littoral. — Nécessité d'escadres offensives françaises dans l'Océan.

# CHAPITRE VI

## Nécessité de l'augmentation du programme de 1910.

Echelonnement des mises en chantier d'après la loi navale de 1912. — Possibilité de mettre sur les chantiers des cuirassés supplémentaires. — Nécessité de deux armées navales françaises, l'une dans le Sud, l'autre dans le Nord. — Il faut huit cuirassés supplémentaires. — La France doit être assez forte pour défendre elle-même ses droits et sa dignité, sur mer comme sur terre.

Paris. — Société anonyme de l'Imprimerie Kugelmann (L. Cadot, directeur), 12, rue de la Grange-Batelière.

**Contre l'Etatisme,** par M. Maurice Ajam, député de la Sarthe ; prix.............. **1** franc.

**La Question des Mines,** par le même ; prix. **2** francs.

**Les Monopoles d'Etat.** — Une Enquête précédée d'une Étude critique des Monopoles d'Etat ; prix....................... **2** francs.

**La Question des Constructions navales,** par M. A. Rousseau, précédée d'une Préface de M. Ch. Chaumet, député de la Gironde ; prix..................... **1** franc.

**Pour sauver quelques millions...** *Les Arsenaux et l'Industrie,* par M. A. Rousseau, rédacteur maritime du *Temps* ; prix.. **1** franc.

**La Guerre Italo-Turque devant l'Europe,** par Paul de Lauribar, avec Préface de M. Charles Leboucq, député de Paris ; prix................................. **1** franc.